Barbara Cratzius

Lirum larum Wörterspiel

Mit Kindern spielerisch
die Sprache entdecken

CHRISTOPHORUS

Inhalt

Vorwort 7

10 goldene Regeln 8

Sprachförderung im Verlauf der kindlichen Entwicklung . . . 10

Dialogische Spiele 14

Spiele mit kleinen Kindern 18

Bildergeschichten und Mitlesegeschichten 22

Geschichten und Begleittexte 28

Rituale – Ankerplätze im Meer der Ereignisse 34

Reime, Verse, Sprüche 40

Fußspiele und Kniereiter 46

Fingerspiele 50

Spiel- und Mitmachlieder 54

Vorwort

So früh wie möglich sollten Kinder in das Zauberreich der Sprache geführt werden, denn die Möglichkeit, sie sprachlich zu fördern, ist zeitlich begrenzt. Schon vom ersten Tag an nimmt ein Kind die Welt mit allen Sinnen wahr, es horcht auf die Stimmen der Erwachsenen, auf Geräusche, Farben und Formen. Es nimmt begierig alle Reize der Umwelt auf, will tasten und berühren, Hände und Füße bewegen und begleitet alles mit Sprache bzw. Lautäußerungen. In den ersten Lebensjahren eines Kindes entwickeln sich die wichtigsten und grundlegenden Gehirnstrukturen quasi als Fundament für alle weiteren intellektuellen Leistungen. Der Einfluss von Sprache auf diese wichtigen Verknüpfungen ist groß, und die „Zeitfenster" für die Entwicklung dieser wichtigen Strukturen und die enorme Lernfähigkeit bei Kindern sind in den ersten fünf bis acht Lebensjahren weit geöffnet; danach schließen sie sich nach und nach.

Die Fingerspiele, Kniereiter, Trostverse, Reimgedichte, Lieder und Geschichten in diesem Buch wecken bei Kindern die Freude an der Sprache und stimulieren ihre Entwicklung. Egal ob mitreißender Rhythmus oder besänftigendes Schlaflied, sie verlocken zum Singen und Horchen, Vorsprechen und Nachplappern, zum Freuen und Staunen, Fühlen und Nacherleben. So unterstützen sie wirkungsvoll die kindliche Entwicklung, öffnen spielerisch das Tor zur Sprache und schließlich zur ganzen Welt.

10 goldene Regeln

„Entwicklungsfenster" beachten

Wissenschaftler haben festgestellt, dass die Prägungsfähigkeit des Gehirns zeitlich begrenzt ist. Sie sprechen von „Entwicklungsfenstern", die nur in bestimmten Lebensphasen geöffnet sind. Die Phasen, in denen sich die Sprachentwicklung vollzieht, umfassen die ersten fünf, höchstens acht Lebensjahre. Danach schließt sich das „Sprachfenster", das der Sprachformung dient. Eltern, Erzieher und andere Bezugspersonen müssen also diese Jahre nutzen, damit sich durch intensive Zuwendung Sprache und Ausdrucksfähigkeit des Kindes entwickeln können.

Der individuellen Entwicklung ihren Lauf lassen

Setzen Sie sich und Ihr Kind nicht unter Leistungsdruck! Wenn das Nachbarskind schon mit elf Monaten seine ersten freien Schritte macht und Ihr Kind noch auf allen vieren vorwärts krabbelt, ist das überhaupt kein Grund zur Besorgnis. Jedes Kind entwickelt sich nach seinem eigenen Rhythmus. Genauso verhält es sich mit der Fähigkeit, Gegenstände zu benennen, Wünsche zu äußern und Erlebnisse sprachlich wiederzugeben. Achten Sie darauf, dass Ihr Kind sich seine Welt und das Zauberreich der Sprache in aller Ruhe erobern kann und unterstützen Sie es dabei liebevoll. Nur so kann es Urvertrauen entwickeln und wird beschützt zu einer gesunden, selbstbewussten Persönlichkeit heranreifen.

Kinder brauchen Gesprächspartner

Kinderärzte äußern sich häufig besorgt darüber, dass viele Kinder nur schwer zum Sprechen zu bewegen sind. Sie vermissen bei ihnen das freie Reden und Nachfragen. Intensives Sprechen mit dem Kleinkind, das Beantworten von (manchmal lästigen) Fragen, das Vorlesen von kurzen Texten, kurz, all die sprachliche Zuwendung ist eine wichtige Voraussetzung für die Entwicklung der sprachlichen Fähigkeiten und der umgebenden Gehirnstrukturen.

Medieneinsatz mit Maß und Ziel

Sprache wird nicht durch passives Empfangen von Hör- und Bildeindrücken gelernt, sondern nur im lebendigen Dialog. Aus Bildern (Fernsehen) und Höreindrücken (Tonträger) allein entsteht keine Sprache. Die elektronischen Medien können die sprachliche Entwicklung aber unterstützen, wenn sie gezielt eingesetzt werden. Wenn Sie mit dem Kind Kindersendungen im Fernsehen sehen wollen, dann begrenzen Sie die Zeit (20 Minuten) und schauen Sie möglichst gemeinsam zu. Im anschließenden Gespräch kann das Kind Gefühle äußern (Angst, Überraschung, Freude), es kann Fragen stellen und das Gesehene verarbeiten.

Sprechen mit Babys

Die meisten Eltern machen es instinktiv richtig. Bei den Grundbedürfnissen des Kindes wie Wickeln, Baden und Stillen, beim Fläschchengeben, Schmusen und Spielen begleiten sie ihre Tätigkeiten mit zärtlichen, liebevollen Worten. Diese sprachliche Zuwendung verstärkt nicht nur die Bande zwischen Mutter bzw. Vater und Kind, es bedeutet auch ein wichtiges Training für das Gehirn des Kindes.

Lesen mit Babys

Schon Kleinkinder sind fasziniert von Büchern. Da sitzt etwa Michael mit 11 Monaten auf der Kuscheldecke inmitten einiger Spielsachen und Schmusetiere. Auch ein weiches Stoffbilderbuch und ein Pappbilderbuch

mit dicken Seiten liegen dazwischen. Er schaut sich interessiert das abgebildete Auto an. Er jauchzt auf. Ja, das Auto sieht fast so aus wie das „echte" rote Auto neben ihm, das er anfassen und bewegen kann. Dann ist da noch ein Hund – wau wau – und eine Katze – miau ... – und nun setzt sich die Mutter zu ihm und gemeinsam „lesen" sie das schöne Bilderbuch weiter, sprechen, entdecken, lachen, freuen sich miteinander.

Sprechen und Lesen als tägliches Ritual

„Mami, spiel mit mir! Erzähl mir eine Geschichte! Lies mir was vor!" Welche Mutter ist inmitten des aufreibenden Kinderalltags nicht genervt von solch wiederholtem Bitten und Drängeln. Bauen Sie in Ihren anstrengenden Alltag bestimmte feste Zeiten und Rituale ein, in denen Sie sich intensiv diesen Kinder-Wünschen widmen können. Vielleicht ist es eine kurze Zeit nach dem Kindergarten oder nach dem Essen? Ganz wichtig ist das abendliche Ritual vor dem Schlafengehen, das Abendlied, die kleine Vorlesegeschichte, bei manchen Familien auch das Abendgebet.

Sprache und Bewegung

Fingerspiele und Körperspiele, bei denen Bewegung und Sprache miteinander verbunden sind, stellen einen grundlegenden Baustein für die Entwicklung und Sprachfähigkeit des Kindes dar. Mit jeder Bewegung erschließt sich für das Kind die Welt: beim Köpfchenheben, Krabbeln, Sitzen, Stehen, Gehen, Laufen. Und gerade mit unseren Fingern können wir die Umwelt und die Welt der Sprache entdecken.

Die Finger machen Theater, sie können sich verkleiden, können angemalt und zu Tieren und Fabelwesen, zu Autos, Flugzeugen, Eisenbahnen werden. Sie können auch Musik machen, klopfen, trommeln und wir können die Bewegung in Worte fassen.

Sprechen und Singen

Schon die Allerkleinsten reagieren freudig auf schöne Klänge, auf zärtlich gesungene Kinderlieder. Kleinkinder singen und sprechen oft schon Teile der Lieder mit. – Wie reich kann ein Familienalltag, ein Familienjahr sein, wenn wir es mit Tönen erfahren und musikalisch mit den Kindern gestalten können! Für das Kind bedeutet Hören, Singen, Gestalten von Kinderliedern: Die Sprachentwicklung wird gefördert, soziale Kontakte von Kindern und Eltern werden geformt.

Genießen Sie die Vorlesestunden!

Ist es nicht ein wunderbares Gefühl, wenn Mutter und Kind zärtlich miteinander kuscheln und die Mutter eine kleine Geschichte vorliest oder erzählt. Das Kind darf dabei Fragen stellen, Erstaunen, Freude und Angst ausdrücken. Wie von selbst erfahren die Kinder die Bedeutung von Wörtern, begreifen Satzkonstruktionen, bereichern ihren Wortschatz. Das bunte Buch auf den Knien ist dabei ein geliebtes Medium, das jederzeit und immer wieder hervorgeholt werden kann, das ein Gefühl von Wärme zu den Bezugspersonen verspricht. Dieses gute Gefühl kann sich im Gedächtnis des Kindes einprägen – aus Zuhörern können später begeisterte Leser werden.

Sprachförderung im Verlauf

Das Tor zur Sprache öffnen

Kinder beginnen schon ganz früh, die Welt mit allen Sinnen wahrzunehmen. Sie horchen auf die Stimmen der Erwachsenen, auf die Geräusche ringsumher, sie betrachten die Farben und Formen der Spielelemente im Kinderzimmer. Sie wollen tasten, berühren, Hände und Füße bewegen und sich sprachlich dazu äußern. Sie sind dankbar für jeden Kontakt und teilen sich auf viele verschiedene Arten mit. Schnell erkennen sie, dass Sprache das Hauptkommunikationsmittel ist und streben danach, sich sprachliche Ausdrucksmittel anzueignen. Kinder mögen Wiederholungen, sie freuen sich über den gleichen Singsang am Morgen, die gewohnten Verse beim Essen, das Schmuselied vor dem Schlafengehen. Durch Nachahmen und Üben erlangen sie in erstaunlich kurzer Zeit das nötige Rüstzeug, um sich mit ihrer Umwelt sprachlich über konkrete und abstrakte Dinge zu verständigen.

Zeittafel zur Entwicklung der Sprache

bis 6 Monate ...... Das Baby gurgelt, sprudelt, lallt, schreit, juchzt und prustet.

6–12 Monate ..... Es erzeugt eine breite Palette von Lauten, es vermag zu schnalzen, zu zischen, zu schmatzen, es kann zweisilbige und einfache Worte bilden: ga-ga, ba-ba, ma-ma

1./2. Jahr .... Das Baby spricht erste sinnvolle Worte, Einwort- und Zweiwortsätze. Gegen Ende des ersten Lebensjahrs kann es etwa 20 bis 30 Wörter verstehen und zum Teil auch sprechen. Hauptwörter bilden dabei den größten Anteil, aber auch Verben, Adjektive und Präpositionen versteht es schon und wendet sie zum Teil auch an.

2./3. Jahr .... Der Wortschatz nimmt rasant zu. Das Kind spricht in der Ichform, kann Dreiwortsätze bilden, Wortschöpfungen werden immer ausgeprägter. Das Fragealter beginnt. Warum? Wann?

3./4. Jahr .... Das Kind kann Gegenstände, Farben und Formen bestimmen. Es beginnt damit, Nebensätze und Satzgefüge zu bilden. Der Wortschatz vergrößert sich erheblich; der passive und zum Teil aktive Wortschatz kann 800–1000 Wörter umfassen. Das Kind beherrscht nun auch schwierige Lautverbindungen wie gr oder kn.

4./5. Jahr .... Das Kind kann fast alle Laute korrekt bilden und mit seinem Wortschatz auch kleine Erlebnisse erzählen. Es verwendet erste abstrakte Begriffe und kann Vor- und Nachnamen nennen. Es wendet Zeit- und Pluralformen an und kann Zahlen bis 10 oder auch darüber benennen.

der kindlichen Entwicklung

Förderung in den einzelnen Entwicklungsphasen

Die Entwicklung der Sprache kann als die wichtigste Gehirnleistung des Menschen angesehen werden. Sprechfähigkeit und Lesefähigkeit sind Voraussetzungen für die Entwicklung des Verstandes und Intellekts. Sie können durch die Vielfalt der sprachlichen Anregungen entscheidend dazu beitragen, dass sich die entsprechenden Strukturen im Gehirn des Kindes ausbilden, dass das „Sprachfenster" geöffnet wird.

0–6 Monate

Wann sollte die Sprachförderung beginnen? Schon im Mutterleib? Gleich nach der Geburt? Sprachforscher haben entdeckt, dass sich das Gehör schon im Mutterleib von Monat zu Monat stärker entwickelt. Das Sprechangebot kann also gar nicht früh genug einsetzen. Das Baby erkennt schon bald nach der Geburt am Tonfall und am Klang der Stimme die mütterlichen Töne, die es schon im Mutterleib wahrgenommen hat. Sprechen Sie vom ersten Tag an mit dem Kind, lächeln Sie es dabei an. Begleiten Sie alle Berührungen und Aktivitäten mit einer liebevollen „Ammensprache", d. h. in einer hohen Tonlage. Ihre Sprachmelodie sollte zärtlich und sanft sein. Wiederholen Sie oft Ihre Worte und sprechen Sie langsam und deutlich. Halten Sie beim Sprechen geringen Abstand zum Kind, damit es Ihre Mundbewegungen mit den Augen verfolgen kann.

6–12 Monate

Begleiten Sie alle Zuwendungen wie Baden, Waschen, Windeln, Stillen mit liebevollen Worten, denn hier gilt: Schweigen ist Silber – Reden ist Gold! Nehmen Sie dabei auch ab und zu die Lautäußerungen des Kindes, das Lallen und Brabbeln auf und ahmen Sie sie nach, mal lauter, mal leiser, mal schneller, mal langsamer. Begleiten Sie diese Laute mit lustigen Grimassen. Ihr Kind wird begeistert diesem Spiel folgen. Sprechen Sie aber auch oft genug in ganzen Sätzen, wie z. B. „Jetzt streicheln wir den kleinen Po … jetzt heben wir die Arme …"

Kleine Schmusespiele, das Horchen auf die Spieluhr, auf das Rascheln von Papier, das Klingen von Glöckchen, das Klappern von kleinen Döschen mit verschiedenen Materialien, das Nachahmen von Vogelrufen usw. fördern die Hör- und Sprechfähigkeit des Babys. Wichtig: Fordern – aber nicht überfordern, das Kind braucht Pausen! Erinnern Sie sich schon in den ersten Monaten an alte beliebte Fingerspiele aus Ihrer Kindheit. Lassen Sie die Finger aber nicht wortlos tanzen!

Fingerspiele

Schon früh will Ihr Baby seine Finger bewegen, will tasten, greifen, festhalten. Die Bewegungen der Finger und Hände übertragen sich auf die Muskulatur des Mundes. Auch wenn Kinder konzentriert malen, können Sie beobachten, dass sie ihre Zunge zwischen den leicht geöffneten Lippen bewegen. Es besteht ein enger Zusammenhang zwischen der Bewegung der Hände und dem Sprechen.

1.–2. Lebensjahr

In dieser Zeit macht das Kind große sprachliche Fortschritte. Es erfindet viele eigene Worte, wie z. B. Wauwau = Hund, Miau = Katze, Tut-tut = Auto. Übernehmen Sie aber nicht diese originellen Wortschöpfungen, so putzig sie auch klingen mögen. Nennen Sie Tiere und Gegenstände mit ihren richtigen Bezeichnungen, die Sie oft wiederholen.
Wichtig: Hören Sie dem Kind geduldig zu, wenn es Ihnen etwas erzählen will, auch wenn Sie es nicht immer ganz verstehen. Sie hören sich allmählich in seine sprachlichen Darstellungen hinein.

2.–3. Lebensjahr

Schreiben Sie kleine Ereignisse auf, die das Kind im Laufe des Tages selbst erlebt hat, etwa wie der Teddy in die Badewanne gefallen ist, wie Oma zu Besuch gekommen ist, wie die Mütze verloren und wiedergefunden wurde usw. Lesen Sie diese Geschichten wiederholt vor. Die Worte prägen sich ein, das Gedächtnis des Kindes wird gefördert. Bieten Sie dem Kind Dialogspiele, Klatschspiele, Reimspiele an. Kritisieren und tadeln Sie es dabei auf keinen Fall, sondern wecken Sie die Sprechfreude in fröhlicher, entspannter Atmosphäre. Lassen Sie das Kind bei kleinen Bildgeschichten „mitlesen".

3.–4. Lebensjahr

Führen Sie das Kind in immer neue Informationsbereiche. Benennen Sie dabei deutlich und in vollständigen Sätzen die neuen Eindrücke, geben Sie den Gegenständen, Tieren, Pflanzen Namen, z. B. im Restaurant, im Verkehr, im Schwimmbad, in Feld und Wald, auf dem Bahnhof, im Tierpark und Zoo. Bieten Sie dem Kind Reime an und lassen Sie es das entsprechende Reimwort finden. Wecken Sie den Stolz des Kindes: Ich kann schon dichten! Sprechen Sie das Kind nach dem Betrachten von Bilderbüchern oder beim Erleben von kleinen Geschichten kurz darauf an, ob es den Inhalt verstanden hat, ob es Fragen hat.

Zeit für sprachlichen Austausch

Erzählen und sprechen Sie mit dem Kind nur, wenn es aufnahmebereit ist. Unterbrechen Sie es nicht, wenn es konzentriert und selbstvergessen spielt. Blockieren Sie andererseits nicht den Wortschwall des Kindes, lassen Sie ihm Zeit zu erzählen. Greifen Sie seine Probleme auf und besprechen sie diese gemeinsam.

4.–6. Lebensjahr

Erzählen Sie dem Kind kleine Geschichten mit Fehlern und geben Sie ihm so Anlass, die Fehler zu korrigieren und die Geschichte selbst weiterzuspinnen, z. B.:
Die Katze sitzt am Steuerrad von unserem Auto und fährt nach …
Der Teddy fliegt über das Haus …
Bieten Sie dem Kind Geschichten an, bei denen am Schluss ein Rätsel zu lösen ist oder ein Auftrag ausgeführt werden muss. Kleine Rollenspiele fördern die Sprechfähigkeit: z. B. Postbote, beim Kaufmann, Vater-Mutter-Kind-Spiele, Doktorspiele. Dabei können ständig die Rollen gewechselt werden. Vermitteln Sie dem

Kind viele Lieder. Lieder mit Instrumentenbegleitung (einfachen, selbst gebastelten Instrumenten, siehe Kapitel Spiel- und Mitmachlieder) machen besonderes viel Spaß. Auch Zungenbrecher, Abzählreime, Rätsel, Unsinnverse sind in diesem Alter sehr beliebt und fördern den aktiven, kreativen Umgang mit Sprache und die Ausdrucksfähigkeit.

Kinder brauchen Bücher

Kinder brauchen Bücher – dieser Leitspruch des großen Kinderpsychologen Bruno Bettelmann sollte uns bestärken, unsere Kinder von Jahr zu Jahr mit entsprechendem Bücherstoff zu versorgen. Von einfachen Bilderbüchern bis hin zu bildhaften Geschichten wird ihnen so die Welt der Dinge und der Fantasie vermittelt.

- Das Baby braucht robuste Bilderbücher, z. B. Bilderbücher mit wenigen, dicken Pappseiten, Bilderbücher aus Stoff oder Plastik.
- Im 1. Lebensjahr sind Bilderbücher mit einfachen kleinen Abbildungen und leuchtenden Farben, die Gegenstände aus dem Kinderzimmer und dem Tagesablauf des Kindes zum Inhalt haben, geeignet.
- „Wimmelbücher", auf denen viele kleine Einzelheiten zu entdecken sind, und Bücher, in denen sich Bilder und Szenen hinter Klappen verstecken, sind für das 2. bis 3. Lebensjahr geeignet.
- Im 3.–4. Lebensjahr stehen Bücher mit realistisch gemalten Gegenständen und Themen wie Küche, Bad, auf der Straße, auf dem Bauernhof, Fahrzeuge, Flugzeuge, Kindergarten, Spielplatz hoch im Kurs. Ebenso Mitlesebücher, bei denen Hauptwörter durch Bilder ersetzt sind und Bücher mit lustigen Reimen und Liedern.
- Im 4.–6. Lebensjahr kann sich ein Kind in Büchereien und Buchhandlungen schon allein Bücher nach seinen Interessengebieten aussuchen. Mitlese- und Vorlesegeschichten, bei denen das Kind bestimmte Rätsel und Aufgaben aus dem Text heraus lösen kann, sind in diesem Alter besonders zu empfehlen.

Dialogische Spiele

Das Kind sucht sich zunächst eine Bildkarte aus, auf der nur ein einzelnes Motiv zu sehen ist, z. B. eine Katze. Das Bild löst Gefühle und Erinnerungen aus. Nun geht das Kind mit bestimmten Assoziationen auf die Suche nach einem Bild, das zu dem Motiv passt – das ist ein kreativer Vorgang, der die Fantasie und Sprachkraft anregt.

Mögliche Motive von Bildkarten:

Ball und Kind, das Ball spielt
Katze und Katze mit Katzenkindern
Badeente und Kind in der Badewanne mit Badeente
Sandmännchen und Kind im Bett mit Sandmännchen
Tasse und Kind, das aus der Tasse trinkt
Auto und Kind, das mit dem Auto spielt
Gießkanne und Kind, das Wasser aus der Gießkanne gießt
Eimer und Kind, das in der Sandkiste mit dem Eimer spielt
Eichhörnchen und ein Eichhörnchen auf dem Baum
Bär und Bärenbuch mit Bärenmutter
Hase und Hase mit anderen Hasen
Frosch und Frosch auf einem Seerosenblatt

Tätigkeiten sprachlich begleiten

Für ein Kleinkind bedeutet es eine Riesenfreude, wenn Mutter oder Vater (oder auch Großeltern, ältere Geschwister oder andere Bezugspersonen) sich eine Zeitlang ihm widmen, wenn gemeinsam gespielt, gebastelt, gebaut wird. Dabei kann es sich um das Spiel mit Bauklötzen, Puzzleteilen, Kastanien, Murmeln, um das Gestalten mit Fingerfarben, Knetmasse etc. handeln. Es trägt zur Sprachentwicklung Ihres Kindes in starkem Maße bei, wenn Sie die gemeinsamen Tätigkeiten beschreiben und sprachlich begleiten.

Spiel mit Bildkarten

Nicht immer muss es ein Bilderbuch sein, auch Bildkarten leisten gute Dienste. Bei einem Partnerspiel werden gemeinsam mit dem Kind (eventuell selbst gemachte) Bildkarten herausgesucht, die durch genaues Betrachten und Nachfragen Sprechimpulse auslösen.

Verändern – sortieren – gestalten

Ein Kind will schon bald begeistert schöpferische Tätigkeiten mit allen Sinnen erleben. Es gibt viele Spiele und Materialien, die zu diesen Erfahrungen einladen: Bausteine, Puzzles, aber auch alltägliche Materialien wie Papprollen, Streichholzschachteln, Jogurtbecher, Eierkartons, Schuhkartons, Garnrollen usw. Das Kleinkind kann sich damit lange und ausdauernd betätigen. – Und wenn Sie etwas Zeit haben, sich dazuzusetzen und diese Tätigkeiten sprachlich zu begleiten, werden spielerisch die Lautbildung und Sprachentwicklung des Kleinkindes gefördert. Tägliche gemeinsame Spiele bereichern so auf vielfältige Weise den Kinderalltag.

Eins, zwei, drei, zum Farbenfest herbei

Mit Fingerfarben oder Wasserfarben werden die Fingerkuppen in verschiedenen Farben angemalt. So lassen sich bunte Punkte aufs Papier drucken. Für Sonnenstrahlen oder den Regenbogen werden die Finger übers Papier gezogen und müssen wiederholt mit Farbe bestrichen werden.

Am Himmel vor der Regenwand
ist ein Regenbogen ausgespannt.
So viele Farben – Rot und Blau,
Grün, Gelb, Lila, komm und schau!
Das sieht doch aus wie Zauberei,
wir zaubern auch – eins, zwei und drei!
Wir malen unsre Finger an,
was man damit alles machen kann!
Ich male einen schönen Hahn
mit vielen bunten Federn dran.
Ich hab eine große Sonne gemalt,
schau mal, wie sie lacht und strahlt.
Wir tupfen Punkte, eins, zwei, drei, vier,
Kribbel-Krabbelkäfer siehst du hier.
Und nun viele Blumen am Wegesrand.
Am Schluss wird der Regenbogen ausgespannt.
So viele Farben, Rot und Blau,
Grün, Gelb, Lila, komm und schau!
Das ist bestimmt keine Zauberei.
Macht alle mit – eins, zwei und drei!

Das Fernrohrspiel

Aus einer alten Küchenrolle werden zwei wunderschöne Fernrohre gebastelt. Gemeinsam mit ihrem Kind bekleben Sie die Rohre mit bunten Papierschnitzeln, Konfetti, Glitzerstickern, Knöpfen und anderen Gegenständen. Dann stellen Sie sich mit Ihrem Kind ans Fenster und beobachten, was auf der Straße vor sich geht. Abwechselnd erzählen Sie, was Sie sehen: „Da spielen zwei Hunde miteinander … jetzt fährt ein Laster vorbei …" Durch dieses Partnerspiel wird das Kind immer wieder motiviert, seine Seherlebnisse sprachlich wiederzugeben.

Kleine Taschentuchpuppe

Eine kleine Taschentuchpuppe, die schon morgens am Kinderbett tanzt oder zu manchen anderen Gelegenheiten eingesetzt werden kann, löst immer wieder Freude und Erzählanreize aus. Für die Puppe knüpfen Sie in die Ecke eines großen Taschentuches einen dicken Knoten, der den Kopf der Puppe darstellt. Mit wenigen Strichen können Sie ein Gesicht andeuten. Dieses Gesicht stülpen Sie über Ihren Zeigefinger. Die Taschentuchecken werden mit Gummiringen am Daumen und am kleinen Finger befestigt. Die Taschentuchpuppe kann in der Weihnachtszeit ein Weihnachtswichtel sein, eine Märchenfigur darstellen, in der Osterzeit beim Eiersuchen helfen, im Herbst vom Drachensteigenlassen und Laternelaufen berichten usw. Bei diesen Minigeschichten kann Ihr Kind immer wieder erzählend eingreifen oder auch die Geschichte selbst zu Ende erzählen.

Das Knöpfe-Farbenspiel

Zu Beginn des Spiels werden etwa 40 einfache weiße Leinenknöpfe auf dem Fußboden ausgelegt. Ein paar der Knöpfe wurden zuvor auf der Rückseite mit einem Farbstift Rot, Gelb, Blau (eventuell auch Grün und Rosa) markiert.

Beim Auslegen ist nicht zu sehen, welche Knöpfe markiert sind. Dann wird reihum gewürfelt. Die gewürfelte Augenzahl bestimmt die Zahl der Knöpfe, die eingesammelt und umgedreht werden dürfen. Die Augenzahl wird ein paar Mal wiederholt und beim Einsammeln der Knöpfe wird gemeinsam laut gezählt.

Die Spielleiterin gibt zu Beginn des Spiels bekannt:
Wer sammelt einen gelben Knopf ein?
Der soll heute König sein!
Wer sammelt einen roten Knopf ein?
Der soll heute Kaiser sein!
Wer sammelt einen blauen Knopf ein?
Der soll Piratenkapitän sein!

Es macht den Kindern viel Spaß, wenn ihnen im Verlauf des Spiels dann eine selbst gebastelte Krone oder ein Piratenhut aufgesetzt wird.
Bei ganz kleinen Kindern können auch Märchenmotive auftauchen, etwa:
Rosafarbener Knopf: Dornröschen – Blütenkrone
Roter Knopf: Rotkäppchen – rote Mütze
Grüner Knopf: Froschkönig – grüne Mütze und Krone
Brauner Knopf: Bär von Schneeweißchen und Rosenrot – braune Mütze
Blauer Knopf: Wassermann – blaue Mütze.
Die betreffende Kopfbedeckung wandert während des Spiels je nach Würfelglück weiter.

Lichterspaß

Das Spiel mit der Taschenlampe ist für kleine Kinder faszinierend und kann selbst kleine „Sprachmuffel" zum Sprechen bringen. Mit wenig Aufwand lassen sich tagsüber oder vor dem Schlafengehen ein paar Minuten „Lichtspiele" mit den Kleinsten einbauen. Bei diesem Spiel werden dem Kind Bildkarten mit Tieren, Spielzeugen oder Fahrzeugen gezeigt. Wenn es die betreffende Bezeichnung weiß und nennt, darf es die Taschenlampe anknipsen. Das Spiel kann auch mit „realen Dingen", z. B. Kuscheltieren, Obst und Gemüse, Gegenständen im Zimmer, Fahrzeugen usw. gespielt werden. Für die Kleinsten bedeutet auch das Benennen der Märchenfiguren bekannter Märchen in Bilderbüchern einen fröhlichen Sprech- und Lichterspaß.

Was ist rot, gelb, grün oder blau?

Für dieses Formen- und Farbenspiel bemalen Sie Kartonbögen mit verschieden großen Kreisen in den Hauptfarben Rot, Gelb, Grün und Blau. Das Kind sollte sich jede Farbe in Ruhe anschauen, wobei Sie kleine Farbverse sprechen und die Farben wiederholt benennen.

- Rote Punkte hat die Kanne,
  rot ist die Puppenbadewanne.
  Rot ist Kaspers runder Kragen
  und das Bett vom Puppenwagen.
- Gelb ist die Sonne am Himmelszelt,
  die Ente, die Banane und noch mehr auf der Welt.
  Schau, auf gelber Katzentatze
  schleicht daher die Tigerkatze.
- Grün sind die Blätter und das Moos,
  gleich springt ein Frosch auf meinen Schoß.
  Im grünen Gras, so ganz versteckt
  hab ich eine grüne Raupe entdeckt.
- Dein Ball hat lauter blaue Streifen,
  blau ist dein Eimer und der Reifen.
- Blau ist deine Hose, schau mal her,
  blau ist der Himmel und das Meer.

Ein kleiner Zweizeiler kann die Jüngsten animieren, nach weiteren gleichfarbigen Gegenständen in ihrer Nähe zu suchen.

- Der Kreis ist rot, so schau doch her.
  Rote Sachen findest du noch mehr.
- Der Kreis ist gelb …
- Der Kreis ist grün …
- Der Kreis ist blau …

Auf diese Weise kann man dem Kind weitere Farben bewusst machen und sein Sprachschatz wird so kontinuierlich erweitert. Auch die verschiedenen Formen können dem Kind mit aufgemalten Formenbildern und einfachen Versen nahe gebracht werden.

- Der Kreis ist rund, so schau doch her,
  runde Sachen findest du noch mehr.
- Der Stern ist spitz, so schau doch her,
  spitze Sachen findest du noch mehr.
- Das Bild ist viereckig, schau doch her,
  viereckige Sachen findest du noch mehr.
- Das Bild ist dreieckig, schau doch her,
  dreieckige Sachen findest du noch mehr.

Spiele mit kleinen Kindern

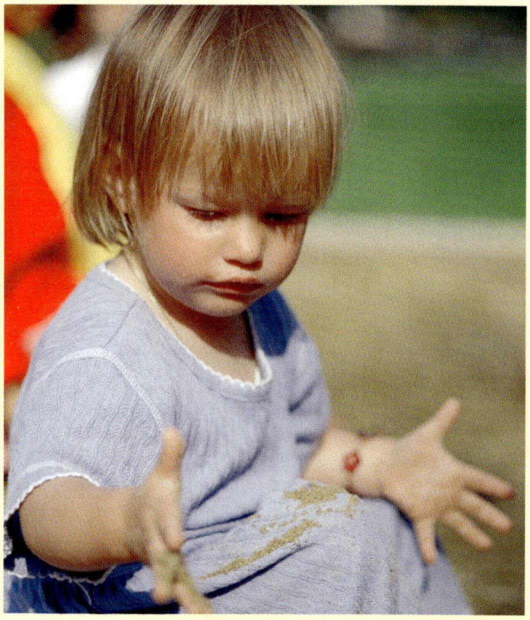

Die Sinne beschäftigen

Von Anfang an nehmen Babys mit allen Sinnen wahr, was um sie herum geschieht. Zunächst vor allem mit den Ohren und auch mit der Nase, doch schnell hat sich ihr Sehsinn so gut entwickelt, dass es nicht nur Umrisse oder unscharfe Schemen sehen, sondern auch Farben und Details unterscheiden kann. Bieten Sie Ihrem Kind also von Anfang an eine breite Palette von Anregungen, damit werden Entwicklung und Reifung des Gehirns angeregt.

Horch auf den Wind!

Kleinkinder lauschen begeistert den verschiedenen Geräuschen. Geben Sie Ihrem Kind schon in den ersten Monaten Anreize zum Horchen und Nachahmen von Tönen. Die Klänge der Spieluhr über dem Bettchen, eine kleine Kinderrassel, ein Glockenspiel, der brummende Bär, das piepsende Mäuschen begeistern jedes Kleinkind. Die emotionale, geistige und sprachliche Entwicklung wird durch solche Höreindrücke gefördert. Wie machen die Dusche und der Wasserhahn in der Badewanne, das Spielauto oder das Auto auf der Straße, der Wind, der Regen? Und vor allem die Tiere! Frosch, Gans, Hund, Katze, Schwein, Kuh und all die vielen kleinen Vögel – das Kind hört ihnen begeistert zu. Machen Sie bei diesen kleinen Klangspielen mit und ahmen Sie selbst die Geräusche nach.

Beim Spielen im Sand

Im Sand spielen, spüren, wie der Sand durch die Finger rieselt – ein ganz besonderes Erlebnis für ein Kleinkind. Und wenn die Mutter oder der Vater noch beim Kuchenbacken helfen, die Formen und Figuren benennen, dann möchte das Kind ganz lange weitermachen. Das Spiel, verbunden mit den Spielversen, sollte gar nicht aufhören.

Backe, backe, Kuchen,
woll'n wir es heut versuchen?
Komm, ich schenk dir ganz viel Sand,
riesel, riesel in die Hand.
Und nun in die Form hinein,
gleich wird der Kuchen fertig sein.

Die ersten Schritte begleiten

Mit etwa einem Jahr will das Kind die ersten freien Schritte machen. Es bereitet ihm ungeheuren Spaß, immer wieder zu üben und sein Erfolgserlebnis zu genießen. Ihr Kind ist begeistert, wenn Sie es an beiden Händen fassen und gemeinsam die ersten

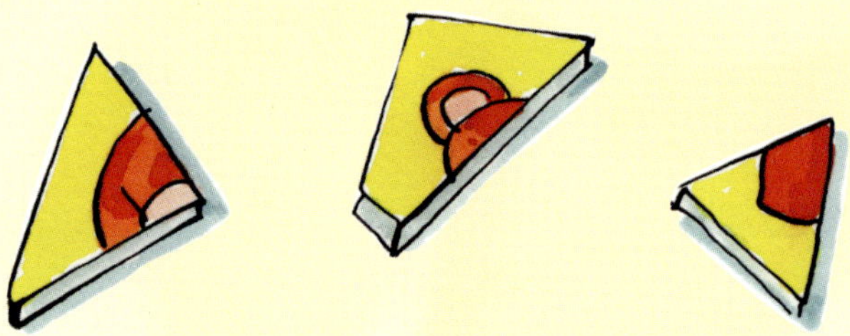

Schritte wagen. Ein kleiner Vers prägt sich dabei schnell ein, und so bereichern die ersten Laufübungen zugleich den Wortschatz und die Sprachfähigkeit.

1 – 2 – 3 – der erste Schritt,
deine Füßchen laufen mit.
Und jetzt gehen wir zur Tür!
Mami (Papi), ich bin hier!
Schaut mal alle her,
laufen ist nicht schwer!
Schaut mich alle an,
was ich heut schon kann!

Puzzlespiele

Schon vor dem zweiten Lebensjahr können wir dem Kind ein einfaches Puzzle-Spiel in die Hand geben. So ein Puzzle-Spiel sollte höchstens zehn Teile umfassen. Sie können es auch selbst herstellen, indem Sie Alltagsgegenstände auf dicke Pappe malen und ausschneiden, z. B. ein Kuscheltier, eine Puppe, ein Auto usw. Es erleichtert dem Kind das Zusammensetzen sehr, wenn sich an den Puzzle-Teilen ein kleiner „Griff", z. B. ein kleiner Kugelknopf, befindet. Beim Puzzle-Spiel lernt das Kind, sich selbst zu beschäftigen und seine Finger zu beherrschen. Es lernt auch, bestimmte Formen zu erkennen und zuzuordnen.

Wir zaubern mit Fingerfarben

Malspiele mit Fingerfarben, bei denen mit bemalten Fingern gedruckt wird, machen Kleinkindern einen Riesenspaß und übt die Handgeschicklichkeit. Begleitet mit kleinen Versen, bereichern wir den Sprach- und Wortschatz des Kindes.

Lachsonne

Liebe Sonne, komm heraus,
schein ganz hell auf unser Haus.

Ein Finger wird mit gelber Farbe betupft. So kann das Kind viele gelbe Sonnen auf das Papier drucken. Mit gelbem Stift können die Strahlen dazugemalt werden.

Igelspaß

Kleiner brauner Igel
krabbelt über Tal und Hügel!
Aber stechen ist verboten,
sonst kriegst du was auf die Pfoten!

Mit brauner Farbe werden Igel auf das Papier getupft. Lustig sieht eine Igelfamilie mit zwei großen und mehreren kleinen Igeln aus. Das Malen der Stacheln ist nicht ganz einfach, regt aber die feinmotorische Entwicklung des Kindes an.

Winterzauber

Jetzt drucken wir einen weißen Mann,
mit der Rübennase lacht er uns an.
Und oben auf dem Kopf
malen wir einen bunten Topf.

Auf schwarzem Papier werden mit weißen Fingerfarben Schneemänner und Schneekinder gedruckt. Sie können bunte Mützen tragen.

Beschäftigung aus eigenem Antrieb

Für Kinder erscheint alles wie ein Spiel, was sich in ihrer Umgebung ereignet. Es beobachtet ganz besonders die Tätigkeit von Mutter und Vater. Beziehen Sie das Kind so oft wie möglich in Ihre Tätigkeiten mit ein. Lassen Sie es helfen, den Tisch zu decken. Natürlich gehört ein bisschen Fantasie und Geduld dazu, die spielerischen Kräfte des Kindes bei der „Arbeit" ohne Gefahr für das Kind richtig mit einzubinden. Aber dieser kleine Aufwand lohnt sich. Ganz nebenbei lernt Ihr Kind dabei Begriffe, es entdeckt „Paare" und übt sich im Zuordnen, es entwickelt ein Verständnis für Zahlen und Mengen.

Wenn wir fahren, fliegen, schwimmen

Dieses Bewegungsspiel kann in der Familie oder mit anderen Kindern gespielt werden. Dazu setzen oder stellen sich alle in einen Kreis. Ein Kind oder ein Erwachsener geht außen herum, tippt von hinten ein anderes Kind oder Vater/Mutter an. Beide laufen nun um den Kreis, wobei sie dem Text entsprechend pantomimisch agieren. Vor dem Spiel wird ausprobiert: Wie macht die Eisenbahn, das Schiffchen, der Vogel, der Fisch?

Tschu, tschu, tschu, die Eisenbahn
wer will mit zur Oma fahrn?
Alleine fahren mag ich nicht,
da nehm ich mir den/die … mit.

Hin und her, auf weitem Meer.
Wer will mit dem Schiffchen fahrn?
Alleine fahren mag ich nicht,
da nehm ich mir den/die … mit.

Hui, hui, hui, ein Vogel fliegt.
Wer will fliegen durch die Luft?
Alleine fliegen mag ich nicht,
da nehm ich mir den/die … mit.

Plim, plam, plum, ein Zauberfisch.
Wer will schwimmen durch das Meer?
Alleine schwimmen mag ich nicht,
da nehm ich mir den/die … mit.

Schwesterchen, komm, tanz mit mir

Ein wunderschönes Eltern-Kind-Spiel, das die Motorik und die Sprechfähigkeit fördert, sollte nicht vergessen werden. Nach der überlieferten Melodie singen Sie gemeinsam mit Ihrem Kind „Schwesterchen (oder: Brüderchen), komm, tanz mit mir", und bewegen sich gemäß dem Liedtext.

Schwesterchen, komm, tanz mit mir,
beide Hände reich ich dir.
Einmal hin, einmal her,
rundherum, das ist nicht schwer.
Sie fassen das Kind bei den Händen und machen mit ihm ein paar Schritte. Bei „einmal hin, einmal her" bleiben Sie stehen und wiegen sich mit dem Kind hin und her. Dann drehen Sie sich zusammen im Kreis herum.

Mit den Füßchen, trapp, trapp, trapp,
mit den Händchen, klapp, klapp, klapp,
einmal hin und einmal her,
rundherum, das ist nicht schwer.
Textgemäß stampfen, klatschen Sie mit dem Kind und wiegen und drehen sich herum.

Mit dem Köpfchen, nick, nick, nick,
mit den Fingern, tick, tick, tick,
einmal hin und einmal her,
rundherum, das ist nicht schwer.
Sie nicken beide mit dem Kopf und tippen sich gegenseitig mit den Fingerspitzen an.

Ei, das hast du schön gemacht,
ei, das hätt ich nicht gedacht,
einmal hin und einmal her,
rundherum, das ist nicht schwer.
Bei dieser Strophe streichen Sie dem Kind lobend über den Kopf, anschließend wiegen Sie sich mit dem Kind und drehen sich herum.

Noch einmal das schöne Spiel,
weil es mir so gut gefiel.
Einmal hin und einmal her,
rundherum, das ist nicht schwer.
Bei der letzten Strophe gehen Sie mit dem Kind zunächst im Kreis, dann wiegen und drehen Sie sich mit dem Kind herum.

Dem Spielimpuls folgen

Wenn kleine Kinder sehen, dass der Vater bzw. die Mutter schreibt oder ältere Kinder malen, dann wollen auch sie schreiben und malen.
Geben Sie Ihrem Kind dazu genügend Materialien: dicke Malstifte, große Bögen Papier, vielleicht sogar Tapetenbahnen. Darauf kann es mit dicken Wachskreiden in großen Schwüngen seine Bilder malen.
Vermeiden Sie es, Ihrem Kind Strichmännchen oder andere „Erwachsenenbilder" vorzumalen.
Lassen Sie der Kreativität Ihres Kindes freien Lauf.

Reim-Mal-Spiele

Mit der Zeit kann der Textanteil zu einem längeren Reimspiel vor dem Drucken und Malen ausgeweitet werden. Für ein buntes Sommerbild können wir folgenden Vers sprechen:

Sommerblume

Jetzt malen wir einen schönen Kreis,
das wird die Sonne, die brennt ganz heiß.
Und nun kommt ein zartes, leichtes Ding:
Da flattert ein lustiger Schmetterling.
Der will zu der Blume, die blüht ganz versteckt,
zum süßen Saft, der so gut schmeckt.
Nun summt noch eine Biene hinzu,
die nascht den Honig immerzu.
Dann fliegt sie in ihr Bienenhaus,
und nun ist die Geschichte aus.

Käferkrabbelei

Die rote Farbe hol ich her,
wir zaubern Käfer, das ist nicht schwer.
Fünf rote Käfer kriechen los,
vorn der Papa, dick und groß.
Die Mama folgt nun hinterdrein
und dann drei kleine Käferlein.
Sechs Beinchen malen wir noch dran,
damit ein jeder auch krabbeln kann.
Am Kopf die Fühler, eins, zwei, drei,
auf geht's zur Käferkrabbelei.
Hui – wie das kitzelt!
Mit roter Fingerfarbe und schwarzem Filzstift malen wir die Käferfamilie aufs Papier. Am Schluss wird das Kind ausgekitzelt.

Bildergeschichten un

Die Leselust wecken und fördern

Etwa in der Mitte des 2. Lebensjahres kann ein Kind schon mehrere Gegenstände im Bilderbuch entdecken, einordnen und in Beziehung miteinander setzen. Nun öffnet sich das Tor zur Sprache, zum Mitlesen von Tag zu Tag weiter. Jetzt sollten Sie täglich gemeinsam mit Ihrem Kind Bücher entdecken. Ein Kind genießt es, gemütlich auf Ihrem Schoß zu sitzen, Ihre Zuwendung und Nähe zu spüren. Voll Begeisterung schaut es sich die Bilder an, hört den ersten kleinen Geschichten zu und will später das Gehörte und Erlebte wiedergeben und ins Spiel einfließen lassen. Im zweiten und dritten Lebensjahr entwickelt sich das Sprachvermögen beträchtlich. In diesem Alter möchte das Kind nicht nur Bilder anschauen, sondern es verlangt nach Vorlesegeschichten bzw. Mitlesegeschichten.

Bär Beppo wacht auf

Eine Bilder-Mitlesegeschichte, die außerdem viele Impulse zur kreativen Umsetzung bietet: Das Kind kann horchen, brummen, summen, piepsen, pantomimisch fliegen, stapfen, krabbeln. Sie können die Geschichte mehrmals vorlesen und mit dem Kind zusammen verschiedene Geräusche und Bewegungen ausprobieren.

Der Beppo schläft in seiner . Er schnarcht und schnarcht.

Draußen ist es noch kalt.

Und so viel Schnee liegt oben auf den . Aber vor der hat ein sein weißes Köpfchen herausgestreckt. Ein kleiner fliegt von zu und zwitschert: „Mach die auf, großer , die scheint schon warm! Es wird Frühling!"

Da wacht der auf. Er reckt und streckt sich. O – sein Bauch knurrt. Er hat solchen Hunger! Langsam tappt er aus der heraus. Auf schweren stapft er durch den Schnee. Überall ist schon grünes zu sehen. Hei – was krabbelt denn da über einen ? Ganz viele ! Leckerlecker! Aber noch lieber mag er schlecken. Ob die im schon aufgewacht sind? Das Schönste für einen großen und auch für deinen sind .

Wollen wir welche holen?

d Mitlesegeschichten

Vorlesen ist unersetzlich

Können die Kassette, der Videorecorder, der Märchenfilm im Fernsehen die Mutter, den Vater, die Großeltern und andere Bezugspersonen ersetzen, die dem Kind Geschichten erzählen oder vorlesen? Studien haben gezeigt, dass Kinder, deren Spracherwerb fast ausschließlich über technische Medien erfolgte, in der sprachlichen Ausdrucksfähigkeit und später auch beim Lesenlernen und in der Intelligenz weit hinter den Kindern zurücklagen, die liebevolle individuelle Sprachanreize von Menschen empfangen hatten. Weitere Studien haben ergeben, dass Kinder, die lange vor dem Bildschirm saßen, nur dann keine größeren Entwicklungsverzögerungen zeigten, wenn sie zu Hause, im Kindergarten und in der Schule genügend Gesprächsanreize und ein reichhaltiges Angebot von erzählten und vorgelesenen Geschichten und Märchen bekamen.

Abenteuer im Herbstwald

„Mami, gehen wir heute  und  sammeln?", betteln Laura und Florian.

„Dann holt eure ", meint die Mutter. „Wir finden bestimmt auch noch viele bunte  und schöne . Da könnt ihr viele kleine  basteln. Dann habt ihr schöne Weihnachtsgeschenke."

Gemeinsam brechen sie auf und nach kurzer Zeit sind die drei im Wald angelangt. Die Kinder sind ganz begeistert. So viele glänzende braune ! Und wie die  unter den  rascheln! Immer wieder reißt der Herbstwind bunte  ab und wirbelt sie umher. Die Kinder packen alle Schätze in ihren Rucksack. „Bald können wir ganz viele Tiere für den Bauernhof aus all den  und  basteln!", meint Florian.

„Ich finde nicht genug  für die !", ruft Laura. Hoppla – da fällt ein dicker  genau vor ihre . Und noch einer und noch einer! Die Kinder schauen hoch. Da oben zwischen den  sitzt ein rotbrauner Geselle mit einem langen, buschigen . Er hält einen dicken  zwischen den . „Genau wie mein Schmusetier auf dem Spielzeugbord!", ruft Laura. „Der sieht ja goldig aus!" Wupp – mit einem großen Satz springt der rotbraune Geselle auf die nächste  und verschwindet zwischen den dichten Zweigen. „Schade!", rufen die Kinder

Durch diese Mitlesegeschichte können Sie Ihr Kind zum Erzählen auffordern, etwa mit den Fragen: Hast du auch schon mal so einen rotbraunen Gesellen gesehen? Kennst du seinen Namen? Erzähl mal, was du alles aus Kastanien, Eicheln, Blättern basteln kannst!

Tipps für das Erzählen und Vorlesen

Erzählen, Mitlesen, Vorlesen, bei Ihrem Kind die Lust an Geschichten, an der Welt der Fantasie wecken – versuchen Sie, sich jeden Tag ein bisschen Zeit dafür zu nehmen, und sei es nur eine Viertelstunde. Doch zwingen sollten Sie sich dazu nicht. Wenn Sie selber müde und erschöpft sind, dann können Sie Ihrem Kind nicht die Zuwendung und Nähe schenken, die es zu einer Geschichtenpause braucht. Das Gleiche gilt für die Situation des Kindes. Wenn es sehr gestresst vom Spielen oder vom Kindergarten nach Hause kommt, braucht es zunächst eine Zeit der Ruhe für sich selbst.

Ein weiches Schaffell

Ein kuscheliges, weiches Schaffell strömt mit den weichen Fellflocken eine wohltuende Wärme und Ruhe aus.

Ein Traumhaus

Mit wenigen Handgriffen können Sie Ihrem Kind ein „Kuschelnest", ein „Traumhaus", eine „Höhle" oder ein „Märchenzelt" bauen. Sie verhängen einen Tisch mit Tüchern und polstern den Boden mit weichen Kissen aus. Auch Tüllgardinen, die über ausgebrauchten Matratzen gespannt sind, schaffen eine gemütliche, entspannte Atmosphäre.

In ein solches Traumhaus kann sich das Kind allein oder mit Ihnen zusammen zu einer gemütlichen Erzähl- und Vorlesezeit zurückziehen.

Zauberlichter

Eine ganz besondere Atmosphäre entfaltet sich auch bei entsprechender Beleuchtung. Das Licht einer Kerze, einer bunten Laterne oder Taschenlampe in einem etwas abgedunkeltem Raum lässt das Kind entspannt und trotzdem konzentriert Ihren Geschichten lauschen und in die Welt der Fantasie eintauchen.

Duftlampen

Kinder haben ihre besonderen Vorlieben für bestimmte Düfte. Probieren Sie aus, welcher Geruch Ihrem Kind besonders angenehm ist: Rosen- oder Lavendelöl, Orangen- oder Zitronenöl. Ein paar Tropfen davon in ein Duftlämpchen gegossen, schaffen eine besonders zauberhafte Atmosphäre.

Vom Traumreiseland

Ich reise manchmal um die Welt.
Reist du vielleicht auch mal mit mir?
Das geht ganz leicht, so pass nur auf.
Ich zeig das alles dir.

Wir falten uns ein kleines Schiff,
dann geht's aufs weite Meer hinaus.
Erst wenn wir richtig seekrank sind,
dann fahren wir nach Haus.

Ich mal ein schnelles Flugzeug mir!
Wir fliegen nach Amerika!
Und wenn's Spinat zu Mittag gibt,
dann sind wir nicht mehr da.

Ich mal mir eine Eisenbahn.
Wir fahren schnell nach Bielefeld.
Bis Hamburg und nach Düsseldorf
und weiter um die ganze Welt.

Komm, hol auch du dein Fahrrad her!
Wir fahrn zur grünen Wiese raus.
Wir suchen hundert Schnecken uns
und bringen sie nach Haus!

Die Reise mit dem Wolkenschiff

Schon dreijährige Kinder sind Meister der Fantasie. Sie sprechen und fühlen mit ihrem Teddy, mit der Puppe, mit dem Plüschelefanten. Sie unterhalten sich mit der Schnecke und dem Marienkäfer, mit Steinen, Schmetterlingen und Blumen.
Tag- und Nachtträume, Fantasievorstellungen und imaginäre Reisen sind wichtig für die Entwicklung der Kinder. Eine Reise in die Welt der Fantasie hat unter anderem die Funktion, die rechte und die linke Gehirnhälfte miteinander zu vernetzen und sie zu aktivieren. Neugier und Kreativität des Kindes werden dabei angesprochen, Ausdrucksfähigkeit und Sprechvermögen gefördert.

Konzert auf dem Bauernhof

Bim, bam, bommel,
die Katze schlägt die Trommel.
Rine, rune, raune,
der Ochs bläst die Posaune.
Wiege, wage, weige,
die Ziege spielt die Geige.
Grite, grate, grete,
die Gans, die spielt Trompete.
Flite, flute, flaute,
die Eule schlägt die Laute.
Der Storch mit schwarz und weißem Rock
der dirigiert mit seinem Stock.
Und willst du die Tiere hören und sehn,
dann musst du mit zum Bauernhof gehn.

Eine Schneckengeschichte

Schau – wer kriecht da um die Ecke?
Das ist die schwarze Regen… (schnecke).
Kommt sehr langsam nur vom Flecke,
das ist eine lange … (Strecke)
bis zur grünen Buchsbaum… (hecke).
Doch am Abend ist die Schneck
wirklich endlich … (weg).
Oder will sie uns nur necken?
Kannst du sie irgendwo … (entdecken)?

Zwiegespräch

Ein lustiges Gespräch zwischen Huhn und Hahn, das Sie mit Ihrem Kind in verteilten Rollen sprechen können.

Guten Morgen, Fräulein Huhn!
Guten Morgen, Herr Hahn!
Was gedenken Sie zu tun?
Das geht Sie nichts an.
Wollen wir nicht etwas promenieren!
Danke, ich kann allein spazieren?
Sie haben wohl heute Nacht nicht gut geruht?
Oder macht's Ihnen böses Blut,
dass Sie noch keinen Regenwurm fanden?
Offen gestanden,
ich finde, Sie sind sehr aufdringlich, Sie!
Dumme Gans! Kikeriki!

Abenteuer im Kinderzimmer

Diese kleinen Verse bieten vielfältige Spiel- und Sprachanreize. Die kleine Maus kann als Fingerpuppe, als Kuscheltier, als bemalter Finger in Aktion treten. Dabei können immer wieder die Farben auf der Bildseite und entsprechende Farben im Kinderzimmer benannt werden. Es macht den Kindern einen Riesenspaß, wenn das Mäuschen am Schluss gefangen wird.

Klaus, die kleine Miesemaus,
schaut aus ihrem Loch heraus.
Guckt sich alles Spielzeug an,
auch den grünen Hebekran.
Spielt mit Kaspers roter Mütze
und der langen lila Litze.
Springt aufs Schaukelpferd empor,
hält sich fest am braunen Ohr.
Hopst ins gelbe Puppenbett.
Klaus, das find ich gar nicht nett!
Steckt nun aus dem Puppenhaus
frech das graue Schnäuzchen raus.
Spielt dann mit den Schmusetieren
und den blauen Teppichschnüren.
Doch nun ist das Spielchen aus.
Ich fang dich, du freche Maus!

Lesehunger und Wissensdurst

Für ein Kind, das früh mit Büchern in Kontakt gekommen ist, das noch bevor es richtig sprechen konnte in einem Bilderbuch die Gegenstände seiner nächsten Umgebung wiedererkannt hat und mit einfachen Bildergeschichten erste eigene „Leseschritte" unternehmen konnte, werden Bücher immer ein wichtiger Bestandteil des Lebens sein. Spielerisch und altersgerecht bebildert, erfährt es in den ersten Sachbilderbüchern mehr über Umwelt und Technik, Tiere und Pflanzen. Es entwickelt im Verlauf der Leseerfahrungen eigene Vorlieben und Schwerpunkte, vielleicht für Märchen, Dinosaurier oder Abenteuergeschichten und erfährt immer mehr Wissenswertes und Interessantes. Sichern Sie Ihrem Kind den Zugang zu einer breiten Palette an Büchern und helfen Sie so mit, seinen Lesehunger und seinen Wissensdurst zu stillen. Sei es, dass Ihr Kind eine kleine Bibliothek im eigenen Kinderzimmer hat, sich selbst Bücher in der öffentlichen Bücherei aussuchen darf oder regelmäßig von Verwandten Bücherwünsche erfüllt bekommt.

Heut machen wir so richtig Quatsch

„Unsinntexte" begeistern kleine und größere Kinder. Die genannten Tiere können durch die entsprechenden Tierlaute ersetzt oder pantomimisch dargestellt werden. Das Suchen nach neuen Beispielen aus der „verkehrten Welt" fördert neben dem Spielspaß auch die sprachliche Entwicklung der Kinder.

Wir fangen mit den Tieren an,
mal sehen, was ein jeder kann!
Und wenn euch irgendetwas stört,
dann macht doch richtig, was verkehrt.

Der Esel singt, da musst du lachen,
weißt du noch mehr so tolle Sachen?

Die Leiter klettert hoch das Schwein
und schaut ins Schwalbennest hinein.

Statt Milch schenkt süßen Saft die Kuh,
der Ochs reicht uns ein Eis dazu.

Das Pferd, das mauzt so gut es kann,
die Katze fängt zu wiehern an.

Der Hund, der fliegt aufs Scheunendach
und kräht die Hennen morgens wach.

Es schwimmt im Teich der Papagei,
die Fische wälzen sich im Heu.

Der Hahn, der steht im Fußballtor,
die Gans, die schießt die Bälle vor.

Der Maikäfer, der fängt ´ne Maus,
die Spinne piepst vor unserm Haus.

Wer weiß noch mehr so tolle Sachen,
zum Raten, Reimen und zum Lachen?

Geschichten und Beg

Erzählen und Vorlesen gibt Impulse

Nicht früh genug können wir unseren Kindern vermitteln, dass Lesenkönnen ihnen eine Welt wunderbarer Erfahrungen erschließt. Wenn das Kind in seinen ersten Bilderbüchern die Bilder erkennt, sie benennen und realen Dingen zuordnen kann, ist das schon ein erstes „Lesen", also eine Dechiffrierung von Bildzeichen. Zu diesem frühen Zeitpunkt kann sich die Liebe zum Buch entwickeln. Und besonders spannend und förderlich ist es für das Kind, wenn ihm vorgelesen wird. Wenn es dann noch einige Bildwörter mitlesen kann, spürt es, welche Faszination von einer Geschichte, von einem Buch ausgehen kann. Wenn Mutter und Vater sich gemeinsam mit dem Kind ein Bilderbuch anschauen, wird das Kind immer wieder nach Erklärungen verlangen. Der Wortschatz des Kindes erweitert sich dabei in starkem Maße, zumal sich bei gemeinsam erlebten oder ausgedachten Geschichten viele Erzählsituationen ergeben. Bücher sollten also so früh wie möglich vertraute Gefährten des Kindes sein. Bei „Lesekindern" entwickeln sich Fantasie, Gedächtnis, Vorstellungskraft, Abstraktionsfähigkeit und Emotionalität weit stärker als bei Kindern, die in den frühen Phasen ihres Lebens in sprachlicher Hinsicht nicht gefördert werden.

Wie gut, dass Mama da ist!

Tim ist heute schon früh aufgewacht. Ganz still ist es im Haus. – Vater und Mutter und sein Bruder Thomas schlafen noch. Thomas hat heute Geburtstag.
Unten im Wohnzimmer soll gefeiert werden. Da stehen die Geschenke. Ob Tim sich schon mal alles angucken soll? Er steht langsam auf und schleicht leise barfuß die Treppe hinunter. Toll sieht das aus! All die bunten Girlanden und die Luftballons! Auf dem Fensterbrett Schüsseln mit dem grünen Wackelpudding. Mama hat aus Lakritzstangen lustige Dinos darauf gelegt. Auch die Löffel liegen schon bereit. Hm – einen Löffel könnte er ja schon mal probieren, das merkt bestimmt keiner. Und noch einen …! Wupp – da ist der erste Dino verschwunden!
O – dort auf dem Fußboden steht ja das grüne Polizeiauto für Thomas! Mit Fernlenkung! Das muss Tim unbedingt ausprobieren! Aber oje – mit Tatü-Tata saust das Auto gegen ein Stuhlbein. Das Nummernschild vorn ist eingedrückt.
Entsetzt schleicht Tim weiter. Bloß nicht noch mehr kaupttmachen! Ach ja, da sind ja die Ritter für die Ritterburg! Die kann er gleich mal auf den höchsten Turm setzen! Und die Drachen dazu! Aber schnell muss das gehen, ehe die anderen aufwachen! Wum – da fällt ein Ritter herunter, gerade auf die Schlossbrücke. Das lange Schwert zerbricht. Jetzt aber bloß nach oben ins Bett!

In der Eile reißt er eine Schüssel mit Wackelpudding vom Fensterbrett. Mit dem Fuß tritt er in die Scherben. „Mami, Mami!", schreit Tim auf.
Da hört er Mutters sanfte Stimme. „Was hast du denn bloß Schlimmes geträumt?", fragt sie und nimmt ihn in die Arme.
„O Mami!", schluchzt Tim auf, „ich bin so froh, dass du da bist!"

Erzählimpuls: Hast du auch schon gute und schlechte Trämue gehabt? Erzähl, wie du im Traum mal einen Streich gespielt hast. Oder wie du im Traum mit Rittern oder Piraten gespielt hast.

Die Geschichte vom ängstlichen Eulenkind

Es war einmal eine kleine, graue Eule, die wollte nachts nie hinausfliegen. „Das ist draußen so unheimlich dunkel!", heulte sie. „Ich hab Angst. Ich kann mich an jedem Ast stoßen. Und an den Dachziegeln und den hohen Masten!"
„Dummes Eulenkind!", brummte der Mond. „Schau mal deine Geschwister an! Die freuen sich, wenn es dunkel wird. Jede Nacht fliegen sie hinaus. Sie holen sich Raupen und Mäuse. Deine Mutter soll dir nichts mehr zu essen bringen, dann wirst du lernen, nachts auszufliegen."
Ganz allein hockte das Eulenkind in seinem Astloch. Sein Bauch knurrte. Da kam der Nachtwind. Er pustete dem Eulenkind zart und vorsichtig die Federn hoch (Mutter und Kind pusten ein paar Daunenfedern hoch). – „Komm heraus!", flüsterte der Nachtwind. „Draußen ist es herrlich! Die Sterne glänzen (dem Kind Leuchtsterne zeigen). Die Glühwürmchen leuchten (eine kleine Taschenlampe aufblitzen lassen und hin- und herbewegen). Die kleinen Grillen zirpen (gemeinsam summen) und die Heuschrecken hüpfen umher. Die Häschen ducken sich ins feuchte Gras und wackeln mit den Ohren (pantomimisch mit den Händen am Kopf nachahmen).
Das kleine Eulenkind riss die Augen auf. „Wirklich?", fragte es. „Das muss ich selber sehen!" – Und schon lehnte es sich weit aus dem Astloch hinaus, spannte die Flügel aus und flog und flog (pantomimisch nachahmen).
„Herrlich!", rief das Eulenkind. „Nachts ist es wunderbar draußen! Der Kirchturmhahn glänzt im Mondlicht. Und wirklich – die Hasen wackeln mit ihren Ohren! Und die Sterne funkeln! Ich hab keine Angst mehr!"
„Gut so", lobte der Mond. „Und wenn die Sonne aufgeht, dann fliegst du in dein Astloch zurück und kuschelst dich neben deine Geschwister. Und Mutter Eule deckt euch mit zarten Federn zu." (Decke über den Kopf des Kindes breiten.)

Spannungsreich erzählen und vorlesen

Vorlesegeschichten und erzählte Geschichten entfalten ihren ganz besonderen Reiz, wenn man sie lebendig erzählt oder vorliest. Es kommt natürlich wesentlich auf den spannungsreichen Inhalt des Textes an. Aber es ist ebenso wichtig, dass wir mit unserer eigenen Stimme variationsreich den Ton der Geschichte treffen. Warum sitzen unsere Kinder so fasziniert vor dem Recorder und lauschen einem Märchenerzähler oder einem Hörspiel? Die Sprecher sind gute Schauspieler, die mit ihrer Stimme zaubern können, die Angst, Freude, Entsetzen, Begeisterung entsprechend ausdrücken können. – Aber auch wenn wir keine Schauspieler sind, sollten wir versuchen, nicht in einem langweiligen „Leierton" vorzulesen, sondern die verschiedenen Personen der Geschichte stimmlich unterschiedlich vorzutragen, den sprachlichen Rhythmus zu erfassen und Pausen einzusetzen. Gesichtsausdruck, auch Körperhaltung und Gestik machen den Text zusätzlich verstehbar und erlebnisreich.

Sommerferien auf dem See

„Sommerferien sind herrlich", ruft Fox, der fixe Froschbengel. „Wir bauen uns ein Borkenschiff und segeln als Piraten auf den See hinaus. Bis zu unserer Insel!"
„Oder wir machen Wettschwimmen!", ruft Fixi, das schnelle, kleine Froschmädchen mit den langen Beinen.
„Borkenschiff ist besser!", quakt Fox. „Ich bin Piratenkapitän! Und die Froschoma schneidet mir aus einem Seerosenblatt einen tollen Piratenhut!"
„Ich will auch einen Hut haben!", protestiert Fixi.
„Du bekommst einen wunderschönen Rock aus Binsen", tröstet sie die Froschoma. „Und ein Fernrohr aus Rohrkolben dazu. Dann bist du der Steuermann."
„Und Fridolin und Fritzi sind die Matrosen!", freut sich Fox.
Als der Mond aufgeht, segeln sie los.
„Nachts ist es nicht so gefährlich. Der freche Storch sitzt dann auf seinem Nest und schläft", meint die Froschgroßmutter.
Noch lange nach Mitternacht hört man unten im Dorf das fröhliche Quaken der Froschkinder auf der Froschinsel.
„In diesem Sommer sind die Frösche ja ganz besonders aufgedreht", denkt der Bauer und dreht sich im Bett um.
„Ja, Froschpiraten sind eben etwas ganz Besonderes!", quakt Piratenkapitän Fox übers Wasser und macht mit seinen Hinterbeinen ganz viele hohe Wellen.

Heute wünsche ich mir eine Geschichte

Wie können wir unsere Kinder motivieren, sich bei der Themenauswahl für eine Geschichte zu beteiligen? Wir schneiden dazu aus verschiedenfarbigem Tonpapier rechteckige Karten aus. Auf der einen Seite der Karte gestalten wir jeweils ein Bildmotiv (z. B. Bär, Frosch, Igel, Maus, Elefant, Gespenst, einen Tannenbaum, ein Sandmännchen, einen Glückskäfer, einen Drachen, Mond, Sterne, Laterne, Zwerg, Nikolaus). Das Motiv kann auch aus Spielzeugkatalogen ausgeschnitten werden. Wenn das Kind eine Geschichte aussuchen will, dreht es eine Bildtafel um und nennt die dargestellte Figur laut und deutlich, bis es ein Figurenbild gefunden hat, zu dem es eine Geschichte hören möchte.

Nicht verzagen – Oskar fragen

Der Vater hat neue Erde für das Rosenbeet bringen lassen, einen ganzen Berg hat der Lastwagen abgekippt.
„Toll!", ruft Florian, „dann kann ich heute Nachmittag mit Michael eine Autobahn für unsere Matchboxautos bauen!"
„Aber die Autobahn wird ganz unten gebaut, da wo der Rasen anfängt!", ruft der Vater. „Ihr trampelt nicht auf dem Erdberg herum!"
Wenig später lassen die Jungen ihre kleinen Autos einen kleinen Abhang hinunterrollen. Unten im Gras haben sie eine Kreuzung angelegt. Da gibt es manchmal einen Zusammenstoß – rums!
„Hier neben dem Maulwurfshaufen legen wir einen Parkplatz an!", ruft Michael. „Da können die Autos parken, und da gibt's für uns was zu trinken! Und eine Würstchen-Bude!"
Der Nachmittag vergeht wie im Flug und gegen Abend sammeln die Jungen ihre Autos wieder ein.
Vor dem Schlafengehen stellt Florian alle Autos nebeneinander auf dem untersten Regal im Spielzeugbord auf. – Aber wo ist das kleine Polizeiauto geblieben? Draußen ist es schon ganz dunkel. Doch Florian läuft hinaus und buddelt in dem großen Erdhaufen herum, bis die Mutter ihn hereinruft.
„So, jetzt in die Badewanne und dann ab ins Bett!", sagt sie.
Florian kann gar nicht einschlafen. Den braunen Bären und den Kuschelmaulwurf mit dem rosa Schwänzchen hat er neben sich liegen. Der Mond schickt seine Silberstrahlen auf das Kissen. Da hört er auf einmal eine tiefe Stimme: „Nicht verzagen, Oskar fragen!", flüstert der Maulwurf ganz nahe an seinem Ohr. „Weißt du was? Ich schick meinen Maulwurfsfreund Willi unten im Garten einen tollen Traum. Der hat so geschickte Schaufelhände. Vielleicht hat er aus Versehen dein grünes Polizeiauto untergebuddelt. Aber was sollte er denn damit anfangen? Fressen kann er's nicht! – Er wird es dir wieder ausbuddeln und morgen findest du es neben dem Erdhaufen."
„Meinst du wirklich?", fragt Florian. Und schon ist er eingeschlafen.

Erzählimpuls: Hast du nicht auch schon etwas in der Sandkiste verloren? Such unter deinen Büchern eine Abbildung von einem Maulwurf heraus. Schau dir das Tier genau an und erzähl davon!

Kinder sollen erzählen

Wie oft ertappen wir Erwachsene uns dabei, dass wir das natürliche Erzählbedürfnis unserer Kinder „abwürgen". Folgende Situation haben Sie in ähnlicher Weise sicher auch schon erlebt. Felix kommt mit schmutzigen Schuhen und Hosen gemeinsam mit seinem Freund Jörn vom Spielplatz. „Wir sind auf den hohen Spielturm geklettert und von oben in den Matsch gesprungen, dann sind wir mit dem langen Seil hin- und hergeschwungen … Wir haben uns eine Höhle gebaut und Räuber und Gendarm gespielt!", erzählt er begeistert. Die Mutter stellt sich die gefahrvollen Situationen vor, ist entsetzt über den Schmutz, den die beiden Jungen in die frisch geputzte Diele schleppen. Sie reagiert unwillig auf den Redestrom des Vierjährigen. – Ist es da nicht erklärlich, dass auch bei anderen Gelegenheiten die sprachliche Kommunikation gestört ist? Oft stoppen wir Erwachsenen den Redefluss der Kinder, erkennen und würdigen nicht den Wert des munteren Erzählens. Die Folge ist oft, dass die Kinder die Lust am Erzählen verlieren. Wir hören dann auf unsere Fragen nur zu oft die nichtssagende Antwort: Es war ganz gut heute … wie immer … nichts Besonderes …

Ich erinnere mich an den Rat einer guten Freundin: Sie schenkt dem Kind bei der Heimkehr vom Kindergarten zunächst Ruhe. Sie lässt es in der Spielecke mit seinen Kuscheltieren spielen. Dann setzt sie sich dazu und meint: „Der Bär hat sich schon so sehr darauf gefreut, dass du wieder bei ihm bist. Willst du nicht erzählen, was du heute Vormittag erlebt hast?" – Manchmal erzählt die Mutter auch von ihren besonderen Erlebnissen am Vormittag und lockt so das Kind geduldig aus sich heraus.

Hosentaschenschätze

Lesen Sie Ihrem Kind den Text von den Hosentaschenschätzen vor und setzen Sie Erzählimpulse. Findet es nicht auch immer wieder interessante Dinge?

In meiner linken Hosentasche,
da habe ich so allerlei:
den Fahrschein von dem Omnibus,
vom Haselstrauch die halbe Nuss
und einen Gummibären.

In meiner linken Hosentasche,
da habe ich so allerlei:
das allerneuste Fußballbild,
das kleine rote Legoschild
und eine Pusteblume.

In meiner linken Hosentasche,
da habe ich so allerlei:
ein gar nicht saubres Taschentuch,
ein klitzekleines Bilderbuch
und einen Hasenkötel.

In meiner linken Hosentasche,
da habe ich so allerlei:
ein Pfennigstück, ganz platt gedrückt,
nach dem ich eben mich gebückt
und einen krummen Nagel.

In meiner linken Hosentasche,
da habe ich so allerlei:
die Feder von dem Dompfaff dort,
er flog nur leider ganz schnell fort,
und sieben Regenwürmer.

In meiner linken Hosentasche,
da habe ich so allerlei:
die Mutter schimpfte mich heut aus,
ich trage so viel Dreck nach Haus,
schnell weg mit allen Schätzen!

Im Schuhkarton weit unterm Schrank
hab alles ich ganz schnell versteckt,
das Vogelnest vom letzten Jahr,
das in der alten Tanne war.
Ihr dürft es nicht verraten.

Kleine Dinge aus der Schatzkiste

Bei manchen Geschichten können Sie mit kleinen Utensilien aus der Schatzkiste die Fantasie, Konzentration und Sprachkraft Ihres Kindes beflügeln. Bei einer Geschichte mit einem Schäfchen etwa können Sie mit etwas weicher Schafwolle zart über die Hand des Kindes streichen. Bei einer Vogel- oder Engelsgeschichte können Sie ein paar Federn oder Zauberwolle tanzen lassen. – Eine solche Schatzkiste kann von Monat zu Monat mit kleinen Schätzen ergänzt werden, z. B. kleine Zaubersteine, Zapfen, gepresste Blätter, Muscheln, goldene Knöpfe, Zaubermurmeln, bunte Zauberwolle, goldene Sternchen, Tierbilder, Figuren aus Filz wie Wichtel, Sonne, Mond, Klangkugeln usw.

Hurra, der Frühling ist da!

Diese folgende kleine Geschichte ist für ältere Kinder eine gute Hörübung. Sie wird langsam vorgelesen, und wenn die Kinder ein (ei) hören, klatschen sie in die Hände.

„Stachelspitz! Aufwachen!", ruft Hase Hops und kitzelt den Igel an den Hinterb(ei)nen. „Sag mal, spinnst du?", brummt der Igel. „Ich halte Winterschlaf und du störst mich! Gerade habe ich von dr(ei) fetten Käfern und (ei)ner Schnecke geträumt und (ei)nem saftigen, roten Apfel!"

Hase Hops schlenkert mit den Ohren. Er macht dr(ei) Sätze vor und zurück. Er schnuppert und streckt die Barthaare in die Luft. „Der Frühling ist da!", ruft er. „Der Klee duftet. Unten am Bach tanzen schon die Schmetterlinge! Komm doch", bettelt er. „Der Winter ist zu Ende! Die Sonne sch(ei)nt so warm!"

„Wirklich?", fragt der Igel. „Hu-hu, hör bloß, wie m(ei)n Bauch knurrt! Schnell, fang mir (ei)n paar Mäuse, ich sterbe vor Hunger!"

„Ich kann dir (ei)n Maul voll Löwenzahn und Rüben anbieten", sagt Hops grinsend. „Und (ei)nen tollen Wettlauf können wir wieder machen!" Und fort ist er über Sträucher und St(ei)ne und Hügel.

„Nun wird es wohl auch für mich Z(ei)t", brummt der Igel. „(Ei)s und Schnee sind geschmolzen! W(ei)t und br(ei)t riecht es nach der herrlichen Frühlingsz(ei)t! Ich kriech gl(ei)ch ins Salatbeet hin(ei)n! Und m(ei)ner Igelfrau will ich B(ei)ne machen!"

Rituale - Ankerplätze

Rituale geben Halt

Gewohnheiten, Bräuche und Rituale sind feste, immer wiederkehrende Strukturen, die Kinder helfen, sich zu orientieren. Sie schenken Ruhe und Sicherheit, Halt und Geborgenheit jeden Tag, jeden Monat, jedes Jahr. Sprachliche Rituale in der Form von Reimen, Liedern oder rhythmischen Spielen sind eine verlässliche Stütze und helfen Kindern, den Tag zu bewältigen und zu verarbeiten.

Was leisten also diese Rituale?

- Sie geben uns Sicherheit und Orientierung.
- Sie verstärken die Bindung innerhalb der Familie und Kindergruppe.
- Sie regeln den Ablauf des Tages, der Woche, des Jahres.
- Sie schaffen Vertrauen in die eigenen Kräfte.
- Sie reduzieren Ängste.
- Sie bereichern die Fantasie, das Spiel und die Sprachfähigkeit.

Die täglichen Rituale

Rituale können kleine Ruheinseln im Kinderalltag sein, Höhepunkte, auf die sich das Kind freuen kann: der liebevolle Morgenkuss oder das Morgenlied, der gemeinsame Bade- und Anziehspaß, die kuschelige Vorlesestunde vor oder nach dem Essen, die Gute-Nacht-Geschichte, das Gute-Nacht-Lied oder Gebet. Bei allen diesen Ritualen vermitteln Sie dem Kind auch sprachliche Impulse und fördern es in seiner intellektuellen Entwicklung.

Wenn der kleine Bär brummt

Mit diesen Versen kann das Kind am Morgen geweckt, aber auch tagsüber können die Kitzelverse laut und deutlich gesprochen und das Kind dabei zärtlich gestreichelt und gekitzelt werden.

Wenn ich fröhlich bin,
trabe ich zu … (Name des Kindes) hin.
Kitzel sie (ihn) am Bauch,
an den Füßen auch.
Kitzel sie (ihn) an ihren (seinen) Fingern,
diesen lieben, kleinen Dingern,
kitzel sie (ihn) an ihrem (seinem) Hals,
an den Ohren ebenfalls.
Und dann brummst du: „Nun ist Schluss!
Denn jetzt gibt's den Bärenkuss!
Schmatz, schmatz, schmatz."

im Meer der Ereignisse

Badespaß

Melodie: Alle meine Entchen

Singen Sie gemeinsam mit Ihrem Kind beim Baden dieses Lied und holen Sie nach und nach immer mehr Gegenstände ins Wasser.

Liebe kleine Ente, spring ins Wasser rein,
spring ins Wasser rein.
Komm, wir schwimmen hin und her,
übers große, weite Meer.
Bli-bla-blubb, bli-bla-blubb, pitsch-patsch.

Liebes buntes Fischlein, spring ins Wasser rein,
spring ins Wasser rein.
Komm, wir schwimmen hin und her,
übers große, weite Meer.
Bli-bla-blubb, bli-bla-blubb, pitsch-patsch.

Liebe bunte Bälle, springt ins Wasser rein,
springt ins Wasser rein.
Kommt, wir schwimmen hin und her,
übers große, weite Meer.
Bli-bla-blubb, bli-bla-blubb, pitsch-patsch.

In der Badewanne

Dieser Spielvers kann gespielt werden, wenn das Kind gebadet wird. Der Schwamm ist der Fisch. Bauch und Rücken des Kindes werden „immer rundherum" gerubbelt, am Schluss wird der Schwamm schnell ausgedrückt und ans Ohr des Kindes getippt. Das Spiel macht auch Spaß, wenn Erwachsener und Kind gemeinsam in der Badewanne sitzen.

Im Aquarium
schwimmt ein dicker Fisch herum.
Blubb-blubb-blubb –
Fischlein, bist du dumm?
Schwimmst immer rundherum?
Blubb-blubb-blubb –
Fischlein, bist du stumm
im Aquarium?
Da schwimmt der Fisch schnell hoch empor
und zwickt dich in dein rechtes Ohr.
Zwick-zwack-blubb-blubb.

Kleine Verse fürs Töpfchen-Ritual

Mit einigen lustigen Reimen oder einem kleinen Lied kann das Töpfchengehen so ganz nebenbei als lustiges Ritual eingeführt werden. Der Gang aufs Töpfchen sollte unbeschwert und ohne Zwang geschehen; eine spielerische, ungezwungene Atmosphäre ist deshalb besonders wichtig. Übrigens: Wenn das Kind lieber auf die Toilette statt aufs Töpfchen will, besorgen Sie einen Spezial-Kindereinsatz!

Jetzt holen wir das Töpfchen her,
das macht viel Spaß und ist
nicht schwer.

Als Lied:
Hänschen klein
kann's allein,
sitzt schon auf dem
Töpfchen fein.
Schaut mal her,
das ist nicht schwer.
.... (Name des Kindes)
ist schon groß.

Wenn das Schmusetier mit aufs Töpfchen genommen wird:
Alle meine … (Mäuse, Enten, Pinguine, Dinos)
sitzen auf dem Topf.
Warten auch ein Weilchen
und dann macht es „tropf".
Oder: Und dann macht es „plumps".

Trostverse

Wenn Ihr Kind krank ist oder sich wehgetan hat, können Sie mit kleinen Versen, Streicheleinheiten und liebevoller Zuwendung Trost spenden.

Wenn die Kuscheltiere traurig sind

Hei, wie geht's denn unsren Tieren
und dem lieben Kind?
Komm, wir trösten, spielen, schmusen,
wenn der Tag beginnt.

Teddy hat die Nas gestoßen
und den großen Zeh.
Komm, wir kraulen ihn und pusten,
dann tut's nicht mehr weh.

Miezekatz mag nicht mehr schmusen,
mauzt und sträubt das Fell.
Komm, wir streicheln ihr den
Rücken,
dann schnurrt Miez ganz schnell.

Schmuseschaf ist hingefallen,
weh tut ihm das Bein.
Kraule, kraule, liebes Schätzchen,
bald wird's besser sein.

Kleiner Bär mag nicht mehr brummen,
ach, ein Ohr ist los.
Komm, wir streicheln ihm das Bäuchlein
sanft auf meinem Schoß.

Nun geht's unserm Kind gleich besser,
ist nun aufgewacht.
Puste, puste weg die Schmerzen,
hei – mein Kind, das lacht.

Fünf kleine Tröster

Fünf kleine Tröster hab ich mitgebracht.
Der erste macht Faxen, da hast du gelacht,
der zweite, der kitzelt dich am linken Ohr,
der dritte zieht den Bettzipfel vor.

Der vierte, der streichelt am Arm dich ganz sacht,
der fünfte, der hält ganz lang bei dir Wacht.

Der Erste, der sagt: „Du wirst bald gesund."
Der Zweite schiebt dir Apfelstücke in den Mund.
Der Dritte, der fliegt ganz hoch über dein Bett,
der Vierte, der ruft: „Wenn ich dich nicht hätt!"
Der Fünfte, der küsst dich ganz doll auf den Mund!
Und bald ist der kleine Schatz wieder gesund.

Zu den Mahlzeiten

Witzige Reime zu den Mahlzeiten gehören schnell zu den Lieblingsritualen jedes Kindes. Wandeln Sie die Verse ab, je nachdem, was auf den Tisch kommt.

Bim, bam, beier,
die Katz mag keine Eier.
Was mag sie dann?
Speck aus der Pfann!
Ei, wie lecker schmeckt's der
Madam!

Erbsen ess ich lieber
wie der Herr von Biber.
Linsen ess ich grad so gern
wie der Herr von Liljenstern.

Was ich essen und trinken mag

Mit kleinen Versen locken Sie Ihr Kind spielerisch aus der Reserve. Was mag es, was mag es nicht? Was könnte es probieren und für sich entdecken? Finden Sie weitere Reime und lassen Sie Ihr Kind das Reimwort raten, bestimmt wird es neugierig auf andere Speisen und lässt sich auf Geschmackserlebnisse ein.

Meine Puppe
mag keine (Suppe).
Mein Teddybär
mag Cola (sehr).
Apfelsaft trinkt mein Bruder Klaus,
Kamillentee, den spuckt er (aus).
Der Kai, der isst gern Nudelsalat,
doch nicht den Reis und den (Spinat).
Tomatenketchup und Nudeln sind toll,
da füll ich mir gleich zwei Teller (voll).
Und Himbeersaft muss auch noch sein,
da lad ich mir alle meine Freunde (ein).

Fernsehspiel

Kinderärzte empfehlen, dass Kinder zwischen vier bis sieben Jahren täglich höchstens eine halbe Stunde fernsehen sollten. Wenn es Ärger mit dem Ausschaltknopf gibt, kann ein alter Fernseh- oder Waschmittelkarton als Fernsehkasten dienen. Nehmen Sie sich etwas Zeit, um gemeinsam mit Ihrem Kind das Wetter anzukündigen, eine lustige Reklame zu senden oder eine Piratengeschichte hinter dem „Bildschirm„ zu erfinden. Besondersn Spaß macht es, wenn mehrere Kinder da sind oder die ganze Familie mitmacht. Ein kleiner Vers kann dazu einladen

Aufgepasst – das Spiel beginnt,
setzt euch hin nun ganz geschwind.
Wir spielen euch was Tolles vor!
Augen auf und spitzt das Ohr!
Indianer, Kasper und Gespenster,
alles gibt's im Fernsehfenster.
Räuber, Hexen, wilde Geister –
morgen seid ihr Fernsehmeister!

Abendrituale

Der Mond geht auf, es wird dunkel. Die Erwachsenen freuen sich auf den entspannenden Abend. Die Kleinen quengeln; sie sind zwar übermüdet, aber sie wollen noch teilhaben an der gemütlichen Abendrunde. Oft haben sie auch ein bisschen Angst vor dem dunklen Zimmer und dem Alleinsein. Da helfen vertraute, lieb gewordene Rituale. Das Kind sollte die Zeit vor dem Schlafengehen, das Kommen des Sandmännchens als etwas Schönes empfinden, auf das es sich jeden Abend freuen kann. Es gibt in jeder Familie andere Gute-Nacht-Rituale. Ganz wichtig ist das Vorlesen oder Erzählen einer beruhigenden Abendgeschichte, das gemeinsame Anschauen und „Lesen" eines lieb gewordenen Bilderbuches, das Abendlied, vielleicht das Horchen auf die Spieluhr und in vielen Familien das Abendgebet.

Tipp zum Gute-Laune-Machen

Auf buntem Tonpapier lustige Clownhüte malen. Auf die Rückseite Witze schreiben. Wenn der Schlechte-Laune-Kobold auftaucht, schnell das Kind in die Schachtel mit Clownshüte greifen lassen und den Witz vorlesen.

Wetten, dass der Kobold schnell verschwunden ist?

Witze eignen sich wunderbar zur Sprachförderung, weil das Kind sie immer wieder hören und nacherzählen will.

Fünf Fröschlein

Die fünf Finger der linken Hand sind die Frösche, die nacheinander in der Handfläche verschwinden. Der kleine Finger streicht dem Kind zum Schluss ganz sanft über das Ohr und das Gesicht.

Fünf Fröschlein sitzen am Teich,
sie quaken alle zugleich:
quak, quak, quak, quak, quak.
Da sagt die Froschmutter: Gute Nacht,
habt ihr die Augen zugemacht?
Oder seht ihr noch das Gewimmel
der vielen Sterne hoch am Himmel?
Auch der große, gute Mond, der brummt:
Na, seid ihr nun endlich alle verstummt?
Ein Fröschlein macht die Augen zu,
zwei Fröschlein gehen nun zur Ruh,
drei Fröschlein lassen das Quaken sein,
vier Fröschlein schlafen nun endlich ein.
Und das fünfte, das streicht dir ganz sanft das Ohr,
nun ziehen wir sacht den Vorhang vor.
Gute Nacht.

Traumbaum

Vor unserm Fenster steht ein Baum,
dran hängt so mancher schöne Traum.
Doch mein Schatz, der ist noch munter,
fällt kein schöner Traum herunter.
Schließt er seine Augen fein,
schwebt ein goldner Traum herein,
und mein Schatz, der schläft jetzt ein.

Der Apfelbaum

Die Finger der linken Hand spielen die Vögel und den Igel; die ganze linke Hand bewegt sich als Wind hin und her. Die rechte Hand ist als geballte Faust zunächst der Apfel, am Schluss kriecht der Igel in die Höhle der rechten Hand, die ihn sanft umschließt.

Siehst du den Apfel
hoch im Baum?
Er träumt einen
tiefen Apfeltraum.
Da kommt in hohem Bogen
die schwarze Krähe angeflogen.
Sie pickt, schnipp-schnapp,
schnipp-schnapp,
ein großes Stück sich ab.
Der Eichelhäher, schnirr-schnarr-schnarr,
der krächzt: „Ein Apfel – wunderbar!"
Nun hat ihn die weiße Möwe entdeckt,
sie schreit ganz laut: „Der Apfel schmeckt!"
Da kommt herbeigebraust der Wind
und reißt den Apfel ab geschwind.
Schnell trippelt Igel Theodor
aus seinem Laubversteck hervor.
Schmatz, schmatz – das ist ein süßer Schmaus!
Dann kriecht er in sein Winterhaus.
Im Blätterberg ist's warm und weich,
und auch mein Schatz, der schläft jetzt gleich.

Kaspergeschichten

Kasper steckt die Mütze raus
aus dem bunten Kasperhaus,
gähnt und ruft: Genug gelacht,
Kulleraugen zugemacht!
Gretel winkt dir nochmal zu.
Gute Nacht und gute Ruh.
Großmutter, die singt ganz leise
eine zarte Abendweise.
Die Prinzessin ganz zum Schluss
schickt dir einen lieben Kuss.
Vorhang zu!
Mein Kind, das geht zur Ruh.
Gute Nacht.

Abends auf den Straßen

Autos auf den Straßen,
müsst ihr denn so rasen!
Laster, was macht ihr so Krach,
o – mein liebes Kind wird wach!
Ritter-ratter,
Motorgeknatter.
Das ist wirklich unerhört,
dass ihr unser Kindlein stört.
Feuerwehr mit tüt-ta-ta,
ganz von weit und nun von nah.
Langsam wird es draußen still,
und mein Kindlein schlafen will.
Gute Nacht.

Reime, Verse, Sprüc

Mit Sprache spielen

Kinder lieben Reime. Sie haben einen Riesenspaß an Abzählversen, Fingerspielen lange bevor sie in die Schule kommen. Die ersten gezielten Lautäußerungen, das Brabbeln der Babys „ma, da, ga, ei, di" sind durch den Gleichklang der Silben schon ein erstes Spielen mit der Sprache. Kleinkinder üben gewissermaßen das Sprechen durch Aneinanderreihen gleicher und ähnlicher Laute. Schon Zwei- bis Dreijährige schnappen so ganz nebenbei Verse, gereimte Werbesprüche, Nonsensverse, Abzählverse usw. auf. Sie lernen sie blitzschnell auswendig, freuen sich am Klang und an den Wiederholungen. Sie können die Reime immer wieder hören, ohne sich zu langweilen. Die Zauberwörter unserer Kindheit begleiten uns bis ins Erwachsenenalter hinein. – Kinder, die früh und intensiv mit Kinderreimen in Berührung kommen, finden auch früh den intensiven Zugang zum „Zauberreich Sprache".

„Alles ist noch unentdeckt – das eigene Gesicht, die eigenen Finger, die Tiere, die Jahreszeiten, das Wetter … Der Reim verhilft dem Kind dazu, sich in dieser Welt einzurichten, ihrer Herr zu werden. Essen und Einschlafen, Sprechen und Fragen, Gehen und Zählen, Schaukeln und Spielen sind Künste, die der Reim ihm kunstvoll zuträgt."
Aus: Hans Magnus Enzensberger, „Allerleirauh"

Reimspiel mit Bildern

Kleben Sie auf alte Bierdeckel Bilder von Gegenständen, die sich reimen, z. B. Haus – Maus, Stock – Rock, Hose – Dose, Kuh – Schuh, Tonne – Sonne, Flasche – Tasche, Buch – Tuch usw. Verteilen Sie die Bilder auf dem Fußboden und lassen Sie Ihr Kind die Reimpaare suchen. Bei Kleinkindern heben Sie eine Bildkarte auf und benennen deutlich das dargestellte Bild. Nun muss Ihnen das Kind die zugehörige Bildkarte bringen. Sie können auch gemeinsam die Bildwörter nennen, bis das gesuchte Reimbild gefunden ist.

Verrücktes Tierkonzert

Ich traf mal eine Möwe,
die brüllte wie ein Löwe.
Ich traf mal einen Pelikan,
der fing fürchterlich zu heulen an.

Ich traf mal einen Hasen,
den hört' ich Flöte blasen.
Ich traf mal eine alte Gans,
die war Trommlerin beim Gänsetanz.

Ich traf mal eine Biene,
die zupfte Mandoline.
Ich traf mal einen Frosch am Bach,
der posaunte nachts die Mücken wach.

Ich traf mal eine Kröte,
sie spielte die Trompete.
Die Enten krähten: Kikriki!
Doch ich fürchte fast, das glaubst du nie.

ne

Der geheimnisvolle Zauberring

Nun drehn wir an dem Zauberring
und wünschen was dabei.
Ein kleines Stück vom Wolkenberg,
die Kanne von dem Garten… (zwerg),
die Schuhe von dem Riesen,
den Glücksklee von den … (Wiesen),
den Teddybär mit dickem Bauch,
der schmusen kann und brummen … (auch),
vom Zirkusclown die Hose,
die Geige und die … (Rose),
die Rose ist aus Krepppapier,
die bastel ich dir gern mal … (hier),
ein Schiff und einen Drachen
und noch viele lustige … (Sachen),
dann kann das Kind laut lachen.

100 Tage Regen

Regentropfen, Regentropfen,
Tag und Nacht ans Fenster … (klopfen).
Regen, Regen, hundert Tage,
o – was ist das für 'ne … (Plage).
Alles ist nass,
im Garten das … (Gras).
Die Hundehütte, das Vogelhaus,
wie sieht der Sandkasten nur … (aus).
Die Schaukel und die Wippe,
der Eimer und die … (Schippe).
Nur einer freut sich in Regen
und Sturm,
der glitschig-nasse …
(Regenwurm).

Bimmel, bammel, bommel
Bimmel, bammel, bommel,
der Igel schlägt die … (Trommel)
laut auf dem dicken Igelbauch,
und schnaufen kann der Igel … (auch).
In der Nacht,
da ist er auf… (gewacht).

Bommen, bammen, bimmen,
der Igel kann gut … (schwimmen).
Die schwarze Schnauze vorgestreckt,
die Trippelfüße … (lang gereckt).
In der Nacht,
da ist er auf… (gewacht).

Bindern, bundern, bandern,
der Igel mag gern … (wandern),
vom Erdbeerbeet zur Kellertür,
kommt er heut Abend auch zu … (mir)?
In der Nacht,
da bin ich auf… (gewacht).

Bieren, bahren, bohren,
er hat ganz gute … (Ohren),
hört Falterflug und Mückentanz,
den Käferschritt, den Mäuse… (schwanz).
Doch am Tag,
er lange schlafen … (mag).

Nonsensverse, Abzählverse, Zungenbrecher

Beim Spiel mit der Sprache dürfen Zungenbrecher, Abzählverse und Nonsensverse nicht fehlen. Schon immer verfügen Kinder beim Spielen auf dem Hof, im Garten, auf Spielstraßen, beim Seilhüpfen, bei Verstecken, beim Kästchenhüpfen über ein reiches Repertoire von lustigen, oft unsinnigen, ja manchmal sogar unanständigen Versen, die sie von älteren Kindern aufgeschnappt haben und die regional sehr verschieden sein können. Auch Abzählverse machen Kindern besonderen Spaß und sie helfen, die verschiedenen Rollen bei manchen Spielen gerecht zu verteilen. Der Spaß an der Sprache sollte immer im Vordergrund stehen, wenn Sie Ihr Kind mit Versen und Zungenbrechern vertraut machen.

Der muntere Floh

Ich ging mal in den Zoo,
da sah ich einen Floh
auf einer Löwennase sitzen,
der Löwe kam ins Schwitzen.
Da hüpfte der Flo – oho,
auf den Elefantenrüssel – nur mal so.
Der brüllte: Sieh dich vor, oho,
ich pust dich hoch bis Afriko!
Da lachte unser kleiner Floh
und sagte: Nicht so weit – o weh,
ich lande lieber auf … (Name des Kindes) Zeh.
Da hüpft er hoch und runter,
und unser … (Name) ist wieder munter.

Kleine Reime

Wollen Sie Ihr Kind motivieren, zum Geburtstag von den Verwandten einen klitzekleinen Spruch aufzusagen? Dann erfinden Sie – gemeinsam mit Ihrem Kind – einen „Zweizeiler" oder „Vierzeiler" oder schlagen Sie in alten Gedichtbüchern nach. Sie werden überrascht sein, wie schnell das Kind den Vers aufsagen kann. Er wird auch nicht so leicht wieder in Vergessenheit geraten. – Reime sind langlebig.

Die Geschichte von den verkehrten Tönen

Wisst ihr, was ich heut gehört?
Wisst ihr, was mich mächtig stört?
Alle Tiere, alle Dinge machen heute was verkehrt.

Die Tür, die quietscht nicht, nein, sie summt,
das Wasser rauscht nicht, nein, es … (brummt).
Es mauzt die Kuh, es bellt das Schwein,
nun sag mir doch, was soll das sein?

Der Wind, der heult nicht, nein er knurrt,
die Treppe knarrt nicht, nein sie … (surrt).
Der Elefant, der schnurrt ganz fein,
nun sag mir doch, was soll das sein?

Die Glocke klingt nicht, nein sie kracht,
der Bagger baggert heut ganz … (sacht).
Der Hahn, der quiekt hoch auf der Scheun',
nun sag mir doch, was soll das sein?

Das Auto tutet nicht, es singt,
die Bremse wie ein Lied heut … (klingt).
Das Mäuslein bellt am Ackerrain,
nun sag mir doch, was soll das sein?

Die Straßenbahn, die summt ein Lied,
der Laster leis den Berg 'rauf… (zieht),
das Schäfchen schläft beim Schnurren ein,
nun sag mir doch, was soll das sein?

Da will ich doch gleich alles richtig machen!
O weh, meine Fahrradklingel kann … (lachen)!
Mein Fahrradwimpel, der bellt vor sich hin,
ob ich im Zi-Zu-Zauberland bin?

Spielerische Sprachförderung mit Reimen

Kindern macht es großen Spaß, passende Reimwörter zu finden. Mit Feuereifer sind sie bei der Sache und kreieren manchmal auch eigene Begriffe, von denen sie ganz begeistert sind. Gereimte Sprache und kindgerechte Verse verlocken Kinder zum Spracherwerb und Lesenlernen.

Der Eichhornbengel Bix

Der Eichhornbengel Bix,
der klettert furchtbar … (fix).
Hoch die Tannen, hoch die Buchen!
Da hört er den Igel … (fluchen):
„Unerhört! Kommt her und schaut,
der hat meine Nuss … (geklaut)!"
Hoch den Schwanz und hula-hopp
durch die Äste im … (Galopp).
Lasst den Igel wettern!
Der kann ja gar nicht … (klettern)!

Für geschickte Zungen

Es klapperten die Klapperschlangen bis ihre Klappern schlapper klangen.
Brautkleid bleibt Brautkleid und Blaukraut bleibt Blaukraut.
Fischers Fritz fischt frische Fische, frische Fische fischt Fischers Fritz.
In Ulm, um Ulm und um Ulm herum.
Der Cottbusser Postkutscher putzt den Cottbusser Postkutschenkasten.
Der Metzger wetzt sein Metzgermesser, sein Metzgermesser wetzt der Metzger.

Witzige Verse zum Abzählen

Osterhase,
Seifenblase
vor der Nase,
piks mir nicht hinein!
Und du musst sein!

Eichen, Buchen, Tannen,
du musst fangen.
Tannen, Eichen, Buchen,
du musst suchen!

Der Kreis ist rund,
da steht ein Hund,
da steht 'ne Kuh,
und raus bist du!

Bimmel, bammel, bommel,
die Maus, die schlägt die Trommel.
Die Grille zirpt ihr Lied dazu
und ab bist du!

Sitzt ein Hase dort am Bach
unterm grünen Blätterdach,
frisst den Klee, tagaus, tagein,
und du musst sein!

Rätselspaß

Schon Kleinkinder haben einen Riesenspaß am Spiel mit der Sprache. Besonders groß ist die Freude, wenn sie Rätsel lösen können. Auch gereimte Rätsel machen den Kindern Freude. Ältere Kinder erfinden selbst gern Rätsel und freuen sich, wenn die Erwachsenen sich den Kopf zerbrechen müssen.

In diesem Buch finden Sie einige alte Rätsel, die Volksgut geworden sind, und einige lustige neue Rätsel.

Denken Sie daran: Kinder lieben Wiederholungen. Bieten Sie also beliebte Rätsel und Reime gerne öfter wieder an. Sie bereichern damit intensiv den Sprachschatz und das Sprechvermögen Ihres Kindes.

Ein unheimlicher Nachtgeselle

Hat zwei Augen, die glühn
und glühn,
weiße Schleier sind davor.
Wenn die Sterne am Himmel ziehn,
schwingt sie lautlos sich empor.
Mäuslein, nimm dich ja in Acht,
wenn es heult in dunkler Nacht!
Hu – hu – hu!
(Eule)

Der gelbe Kasten

Da steht einer an der Ecke,
der immer nur schlucken mag.
Sein Bauch ist voll, er frisst immer mehr,
so geht es Tag für Tag.
(Briefkasten)

Eine wunderschöne Blume

Rund wie die Sonne
ist ihr Gesicht.
Aber bewegen
kann sie sich … (nicht).

Goldene Strahlen
stehen im Kreis.
Aber im Sommer
ist sie nicht … (heiß).

Hell wie die Sonne
ist ihr Gesicht.
Aber sie blendet
mein Auge … (nicht).

Schön wie die Sonne
leuchtet sie weit
bei uns am Hause
zur Sommer… (zeit).
(Sonnenblume)

Ein bunter Geselle

Es ist nicht Apfel noch Pflaum',
doch hängt es auch hoch am … (Baum).
Es leuchtet in der Herbsteszeit
ganz bunt von allen Zweigen … (weit).
Im Sommer ist es grün und glatt,
das ist ein … (Blatt).

Ein dicker Mann

Im Frühjahr ist er rank und schlank,
trägt ein schmales grünes Röckchen.
Doch zur schönen Herbsteszeit
wird sein gelbes Kleid ganz weit.
Rührt sich gar nicht von der Stelle,

kommt herbei, ihr Kinder, schnelle!
Tragt ihn her den dicken Mann,
dass Mutter Suppe kochen kann.
Helft ihr, kleine Scheiben schneiden,
als Kompott mögt ihr ihn leiden.
(Kürbis)

Ein sonderbarer Schleier

Zauberschleier, Zauberschleier,
bist du aus Seide gemacht?
Legst dich über Baum und Dächer,
wer hat dich erdacht?
Liebe Sonne, liebe Sonne
aus dem Wolkentor
Zaub're doch mit deinen Strahlen
Baum und Dächer schnell hervor!
(Nebel)

Fast wie ein Vogel

1 – 2 – 3
wie der Wind
durch die Lüfte geschwind.
Wie ein Vogel fast
schwebt's von Ast zu … (Ast).
Den Schwanz gestreckt,
den Kopf … (gereckt),
die Nuss versteckt,
hast du das flinke Tier … (entdeckt)?
(Eichhörnchen)

Kleine Sonnen

Viele kleine Sonnen
glühen gelb im Mai.
Silberhelle Schirmchen
treiben bald vorbei.
Puste hoch sie in den Wind!
Fliegt, ihr Flocken, fort geschwind!
(Löwenzahn)

Ein seltsamer Monat

Regen nieselt,
Schnee, der rieselt,
Frühlingssturm peitscht um das Haus.
Blumen sprießen,
Halme schießen,
komm, wir laufen schnell hinaus!
Dieser Monat ist voll Tücken,
er weiß gar nicht, was er will.
Launisch ist er, der … (April).

Gekocht, gepellt, gebraten

Verstecke mich tief in der Erde im Frühjahr
und lass mich dort liegen.
Hack fleißig und warte – im Herbst,
werd' ich viele Kinder kriegen.
Die schmecken gekocht und gebraten;
nun kannst du raten.
(Kartoffel)

Mäusejäger

Es sieht aus wie eine Katze,
hat Haare wie eine Katze,
fängt Mäuse wie eine Katze,
und ist doch keine Katze.
(Kater)

Fußspiele und Kniere

Wenn die Zehen tanzen

Von den ersten Lebenstagen an genießt es das Kind, wenn wir uns liebevoll mit seinen Zehen, Füßchen und Beinchen beschäftigen. Kleine Verse können die zärtlichen Berührungen und die kleinen Spiele begleiten. Mit etwa sieben Monaten entdeckt das Kind seine Füße. Es patscht danach und steckt sie in den Mund. Bald beginnt es zu krabbeln, linker Arm, rechtes Bein … Geben Sie Ihrem Kind möglichst viel Raum, in dem es ungefährdet seine Umgebung kennen lernen kann.

Mit etwa einem Jahr will Ihr Kind die ersten freien Schritte machen. Es bereitet ihm ungeheuren Spaß, immer wieder zu üben und sein Erfolgserlebnis zu genießen. Ihr Kind ist begeistert, wenn Sie es an beiden Händen fassen und gemeinsam die ersten Schritte wagen. Ein kleiner Vers prägt sich dabei schnell ein, und so bereichern die ersten Laufübungen zugleich den Wortschatz und die Sprachfähigkeit.

Die kleinen Füßchen

Melodie: Zeigt her eure Füßchen

Das bekannte Kinderlied kann immer wieder abgewandelt werden, und wenn wir die Beinchen und Füßchen streicheln, kitzeln und bewegen, jauchzt das Baby oft begeistert bei unseren Worten mit.

Das sind deine Füßchen
und das sind deine Zeh'n,
die wollen heute Morgen
mit uns spazieren gehen.

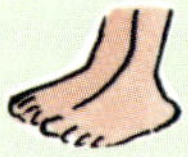

Das sind deine Füßchen
und das sind deine Zeh'n.
Die wollen heute Morgen
die weite Welt besehn.

Das sind deine Füßchen
und das sind deine Zeh'n.
Die rufen heute Morgen:
Der Tag wird wunderschön!

Und nun die Beinchen!

Melodie: Alle meine Entchen

Seht doch mal die Füße
von unserm lieben Kind!
Wicheln, wackeln auf und ab,
das geht ganz geschwind.

Seht doch mal die Beinchen
von unserm lieben Kind!
Strimpeln, strampeln hin und her,
das geht ganz geschwind.

Beinchen, Füße, Zehen
von unserm lieben Kind,
die recken sich, die strecken sich,
das geht ganz geschwind.

iter

Dieses kleine Spielleid kann beim Anziehen, nach dem Baden, auf dem Wickeltisch mit nackten Beinchen gesungen oder gesprochen werden. Am Schluss kann das Kind hochgenommen und einen „Riesensatz" in der Luft oder auf dem Tisch machen. Bei dem letzten Spaßvers kann das Kleinkind schon mitplappern:

Und nun macht unser Schatz
einen … Riesensatz!

Schleichen, Trippeln, Stampfen

Die Körperbewegungen, die Beherrschung der kleinen Zehen, Füße und Beine werden von Monat zu Monat koordinierter. Es macht Kleinkindern großen Spaß, wenn Sie gemeinsam verschiedene Bewegungen ausführen und auch Geschwindigkeit und Richtung dabei ändern. Kleine Tierverse können dabei zur Nachahmung motivieren. Erfinden Sie gemeinsam mit dem Kind neue Strophen auf die Melodie: „Alle meine Entchen". Eine lustigere „Sprachschule" werden Sie kaum finden!

Seht doch, unser Kätzchen
schleicht ganz leis heran.
Ob auch unser/unsre … (Name des Kindes)
das genauso kann?
Seht doch, unser Mäuschen
trippelt leis heran.
Ob auch unser unser/unsre …
das genauso kann?

Seht der Elefant
stampft ganz laut heran.
Ob auch unser/unsre …
das genauso kann?

Wenn der Zwerg auf den Berg steigt

Morgens früh um Acht
sind die Füße aufgewacht.
Guten Morgen, meine Füßchen,
jetzt gibt's ein kleines Schmuseküsschen.
Guten Morgen, kleine Zehen,
soll es auf die Reise gehen?
Wollt ihr auf die Kissenberge?
O – das schaffen alle Zwerge!
1 – 2 – 3 – 4 – 5,
ohne Schuh und ohne Strümpf!
Wenn wir oben sind,
rutschen wir herab geschwind.

Ein Berg aus Sofakissen oder Schaumstoff wird vom Kind mithilfe von Vater oder Mutter erklommen, dann darf es mit „Juhu" herunterrutschen.

Hallo, ihr Beinchen, wie heißt ihr denn?

Hallo, ihr Beinchen,
wie heißt ihr denn?
Ich heiße Hampel
und ich heiße Strampel.
Ich bin das Füßchen Übermut
und ich das Füßchen Tunichtgut.
Übermut und Tunichtgut
gehen auf die Reise.
Platsch, durch alle Sümpfe,
nass sind Schuh und Strümpfe.
Schaut die Katze um die Eck,
laufen alle weg.

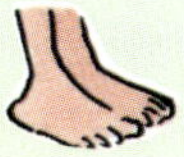

Hoch zu Ross auf dem Schoß

Kniereiten – das ist seit Generationen ein beliebtes Spiel schon für Babys, vor allem aber für Kleinkinder. Die Bewegungen, der Blick- und Körperkontakt, die Spannung und die rhythmische Sprache – davon können sie nicht genug bekommen. Bei diesen lustvollen Spielen wird der Gleichgewichtssinn durch Änderung der Haltung stimuliert und auch die sozialen Fähigkeiten und die Sprachentwicklung werden gefördert. – Das Kind sitzt Ihnen Aug in Aug gegenüber. Es betrachtet Ihr Gesicht, Ihren Mund, wenn Sie das Spiel mit einem Vers oder Lied begleiten. Es kann Bewegungen und Worte vorausahnen.
Die überlieferten Kniereiterverse werden von Generation zu Generation weitergegeben, und die alten Reime erweisen sich immer wieder als eine große Hilfe bei der Entwicklung der Sprache.

Hoppe, hoppe, Reiter

Das Kind sitzt auf den Knien des Erwachsenen und darf „reiten". Auf und nieder geht das Schaukeln, immer schneller wird die Bewegung, bis der kleine Reiter in raschem Galopp fällt. Das Kind spricht begeistert die „Hoppe-hoppe-Reiter-Verse mit und erlebt jauchzend das Hoch- und Niederschwingen und das angedeutete Hinfallen, wobei es sich von starken Armen sicher gehalten weiß.

Hoppe, hoppe, Reiter,
wenn er fällt, dann schreit er!
Fällt er in den Graben,
fressen ihn die Raben.
Fällt er in den Sumpf,
macht der Reiter plumps!

Hoppe, hoppe, Reiter,
wenn er fällt, dann schreit er!
Fällt er auf die Steine,
tun ihm weh die Beine.
Fällt er in den Sumpf,
macht der Reiter plumps!

Hoppe, hoppe, Reiter,
wenn er fällt, dann schreit er!
Fällt er in die Hecken,
fressen ihn die Schnecken.
Fällt er in den Sumpf,
macht der Reiter plumps!

Es macht Kindern einen Riesenspaß, wenn Sie den Rhythmus ändern und plötzlich die Beine spreizen und das Kind scheinbar fallen lassen. Wenn sich das Kind beim „Plumps" zunächst erschreckt, sollten Sie die Bewegungen vorsichtiger gestalten.

Schaukelschiff

Fährt ein Schiffchen auf dem Meer,
schaukelt hin und schaukelt her.
Kommt ein großer Sturm daher,
fällt … (Name des Kindes) in das Meer.
Platsch!

Fahrt auf der Zwergenkutsche

Ri-ra-rutsch,
wir fahren mit der Kutsch.
wir fahren mit der Zwergenpost,
weil das keinen Pfennig kost.
Ri-ra-rutsch,
wir fahren mit der Kutsch.

Ri-ra-rutsch,
wir fahren mit der Kutsch.
Wir fahren bis zum Zwergenhaus.
Wer guckt denn da zum Fenster raus?
Ri-ra-rutsch,
wir fahren mit der Kutsch.

Ri-ra-rutsch,
wir fahren mit der Kutsch.
Wir fahren in den Zwergenwald
und machen bei der Höhle Halt.
Ri-ra-rutsch,
wir fahren mit der Kutsch.

Ri-ra-rutsch,
wir fahren mit der Kutsch.
Da kippt die Zwergenkutsche um,
o weh, o weh, wie ist das dumm!
Rum-bum-bum,
da kippt die Kutsche um.

Kleiner Zappel-Brummelbär

Wir lassen unser Kind, den kleinen Brummbären, in wechselndem Tempo auf unseren Knien tanzen, wackeln, sich drehen und stampfen. Er kann auch einige Stampfeschritte auf dem Boden machen. Zum Schluss stampft der Brummelbär müde in sein Kissen.

Brim, bram, brum
tanzt der Bär herum.
Will mein Brummelbär sich drehn,
Brummelbär, das kannst du schön.
Brim, bram, brum,
tanzt der Bär herum.

Tippel, tappel, tapp,
zippel, zappel, zapp.
Brummbär wackelt mit dem Bauch,
mit den braunen Pfoten auch.
Tippel, tappel, tapp,
zippel, zappel, zapp.

Hipp, hopp, hopp,
schon geht's im Galopp.
Brummbär stampft nun hin und her,
hoch und runter, immer mehr.
Hipp, hopp, hopp,
nun geht's im Galopp.

Klipper, klapper, klapp,
wipper, wapper, wapp.
Wie er tappt mit schnellem Schritt,
Bein und Arme tappen mit.
Klipper, klapper, klapp,
wipper, wapper, wapp.

Brim, bram, braus,
Tanzen ist nun aus.
Bärchen will jetzt seine Ruh,
macht die müden Augen zu.
Brim, bram, braus,
Tanzen ist nun aus.

Fingerspiele

Finger, die wunderbaren Dinger

Was sind unsere Finger doch für wunderbare Dinger! Sie können zappeln, tanzen, kitzeln, trommeln, sich verkleiden, Unsinn machen, sich in Zwerge, Frösche, Katzen und Mäuse, in Dinos, Störche und Luftballons verwandeln. Sie können sogar Schattenspiele an die Wand zaubern und man kann mit ihnen zählen, sprechen und Geschichten erfinden. Lassen Sie Ihre Finger so oft wie möglich am Kinderbett tanzen! Freuen Sie sich, wenn das Kind versucht, es Ihnen nachzumachen. Und wenn Sie gerade nicht Zeit haben, hat das Kind ja das vielseitigste aller Spielzeuge selbst „in der Hand". Hören Sie nur, wie Ihr Kind plappert, wenn es seine Finger wie kleine Püppchen tanzen lässt.
Ihre Finger vermitteln Ihrem Baby schon in den ersten Wochen durch zärtliche Berührungen ein herrliches Wonnegefühl. Schenken Sie Ihrem Kind so oft wie möglich Streicheleinheiten, etwa nach dem Waschen und Baden, beim Eincremen und begleiten Sie diese beruhigenden Streichelmassagen mit kleinen Versen und zärtlichen Silben.

Das ist der Daumen

Das ist der Daumen,
der schüttelt die Pflaumen,
der liest sie auf,
der trägt sie nach Haus
und der Kleine isst sie alle, alle auf.

Nacheinander werden die einzelnen Finger des Kindes angetippt. Schon das Kleinkind weiß nach kurzer Zeit, welcher Finger gemeint ist und macht begeistert mit.

Zehn kleine Zappelmänner

Zehn kleine Zappelmänner
zappeln hin und her.
Zehn kleinen Zappelmännern
fällt das gar nicht schwer.

Zehn kleine Zappelmänner
zappeln auf und nieder,
zehn kleine Zappelmänner
tun das immer wieder.

Zehn kleine Zappelmänner
zappeln rund herum,
zehn kleine Zappelmänner
finden das nicht dumm.

Zehn kleine Zappelmänner
spielen mal Versteck,
zehn kleine Zappelmänner
sind auf einmal weg!

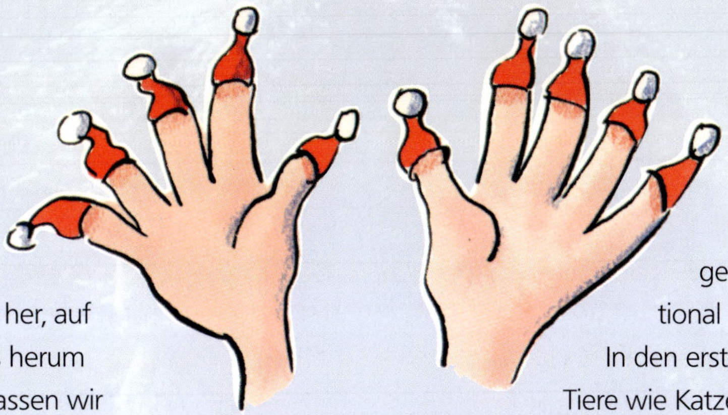

Die zehn Finger sind die Zappelmänner, die sich textgemäß hin und her, auf und nieder und im Kreis herum bewegen. Am Schluss lassen wir gemeinsam mit dem Kind die Finger hinter dem Rücken verschwinden. Sie tauchen wieder auf, vom Jubel des Kindes begleitet, und das Spiel geht von vorne los. Schon nach kurzer Zeit wird das Kleinkind einige Zeilen mitsprechen.

Mausekätzchen

Mausekätzchen, wo bleibst du?
Mausekätzchen, was treibst du?
In unserm Häuschen
sind schrecklich viel Mäuschen.
Sie kribbeln und krabbeln,
sie trippeln und trappeln
auf Tischen und Bänken,
auf Stühlen und Schränken.
Sie stehlen und naschen
und will man sie haschen,
husch – sind sie fort.

Zu Anfang die Hände über die Augen legen und suchend umherschauen. Dann mit beiden Händen ein Hausdach bilden. Danach die Finger als Mäuschen herumtrippeln und -tanzen lassen; auch das Stehlen und Naschen wird dargestellt. Zum Schluss in die Hände klatschen – und husch – sind alle Mäuschen fort.

Spielen und reimen

Die Verbindung von gesprochenem Wort mit der Bewegung übt auf Ihr Kind einen großen Reiz aus. Das Kind macht die Spielbewegungen freudig mit und wird dadurch auf vielfältige Weise geistig und emotional angeregt.

In den ersten Fingerspielen spielen Tiere wie Katze, Maus, Vogel eine Rolle.

Bei den Fingerspielen für etwas ältere Kinder werden auch größere Tiere wie Bär, Elefant (oder auch der Dino) mit einbezogen, ebenso wie Wettererscheinungen (Regentropfen, Schnee, Sonne), Erlebnisse in der Kindergruppe, beim Spiel, bei Spaziergängen. Das etwas ältere Kind wird die Fingerspiele nachahmen und dabei die Beweglichkeit der Finger, die Feinmotorik, schulen. Auch eine kleine Spielhandlung, verbunden mit etwas längeren Versen, kann nun schon eingebaut werden. Dabei sollte der Erwachsene langsam und deutlich die Texte sprechen und die Bewegungen dazu synchron ablaufen lassen. Zu manchen Fingerspielen können wir auch eine Melodie erfinden bzw. auf alte Melodien neue Texte singen und die Finger die Handlung begleiten lassen.

Fang die Maus

Alle meine Fingerlein
sollen heut mal Tiere sein.
Der Daumen ist der Kater,
der Zeigefinger ist der Schwalbenvater.
Der Mittelfinger ist die Kuh,
der Ringfinger kräht als Hahn dazu.
Der kleine Finger ist die Maus,
die fängt die Katz …!
Und die Geschichte ist aus.

Die Finger kommen nacheinander zum Einsatz. Das Kind fängt zum Schluss den kleinen Finger mit einer schnellen Bewegung ein und hält ihn fest.

Wenn die Tiere auf Reise gehen

„Sie wollen verreisen?“,
fragen die Meisen.
Der Storch klappert: „Ja, ja,
ich fliege bis Afrika!“
„Das ist wohl sehr weit?“,
der bunte Hahn schreit.
Das kleine Küken flüstert: „Piep,
ich bleib bei der Henne, die ist so lieb.“
„Auf dem Hof mir's gefällt“,
der Hütehund bellt.
Und der Stacheligel lacht:
„Mein Winterbett ist hier schon gemacht!“

Bei diesem Fingerspiel werden nacheinander die einzelnen Finger hochgehalten und einzeln bewegt. Am Schluss wird eine Hand zum Winterbett des Igels geformt.

Fünf Nüsse

Schau – fünf Nüsse hängen hier im Baum,
ganz versteckt, du siehst sie kaum.
Die erste holt sich der Eichkater Franz
mit seinem feuerroten Schwanz.
Die zweite hat der Sturm gerüttelt
und sie ganz unsanft abgeschüttelt.
Die dritte sagt: „Ich will mich verstecken,
mich soll niemand hier entdecken.“
Die vierte sagt: „Wenn der Wind mich lässt,
dann bleib ich hier bis zum Weihnachtsfest.“
Die letzte Nuss, die pflück ich mir,
halt auf die Hand, ich schenk sie dir.

Bei diesem Fingerspiel sind die fünf Finger einer Hand beteiligt. Am Schluss bekommt das Kind eine kleine (goldene) Nuss in seine Hand.

Nach Untersuchungen einer russischen Sprachforscherin beeinflusst das Training der Hände und Finger die Sprachentwicklung äußerst günstig. Auch Rudolf Steiner hat schon Anfang des 20. Jahrhunderts darauf hingewiesen, dass das Bewegen der Hände die Bildung des Sprachzentrums mitbeeinflusst.

Alle meine Fingerlein

Alle meine Fingerlein
sollen einmal Tiere sein.
Das kleine Däumelein
ist ein dickes, fettes Schwein.

Zeigefinger ist das Pferd,
ist dem Reiter lieb und wert.
Mittelfinger ist die Kuh,
hört nur, wie sie schreit: muh, muh!

Ringfinger ist der Ziegenbock,
hat 'nen langen Zottelrock.
Und das kleine Fingerlein
soll mein braves Lämmchen sein.

Tiere laufen hopp, hopp, hopp,
laufen immer im Galopp
über Stock und Stein
alle in den Stall hinein,
denn es wird bald Abend sein.

Die Finger einer Hand stellen die Tiere dar (eventuell als Fingerpuppen gestaltet), die andere bildet eine Höhle, die zum Schluss des Reims Unterschlupf als Stall für die Tiere bietet.

Schwälbchen im Nest

Fünf kleine Schwalben sitzen im Nest bereit.
Heut ist zu Ende die Wartezeit.
Die erste piepst „Jetzt geht es los!

Die Angst, die ist noch riesengroß."
Die zweite schafft es bis zum Hügel,
schon tragen die schwarzen Schwalbenflügel.
Der dritten und vierten ist's so bange,
sie sitzen am Nestrand noch lange, lange.
Doch seht – das fünfte Schwalbenkind,
das jagt über Bäume und Dächer geschwind.
Es spreizt stolz die Federn und den Schwanz
und piepst: „Ich übe Schwalbentanz!"

Die Geschichte vom kleinen Häschen

Klein Häschen wollt spazieren gehn,
spazieren ganz allein.
(Zeigefinger und Mittelfinger einer Hand stellen die Hasenohren dar, während die anderen drei Finger angewinkelt werden.)

Da hat's das Bächlein nicht gesehn,
und plumps fiel es hinein.
(Die Häschen-Hand fällt herunter. Das Kind kann dazu klatschen.)

Das Bächlein trieb dem Tale zu,
dort, wo die Mühle steht.
Und wo sich ohne Rast und Ruh
das große Mühlrad dreht.
(Gemeinsam mit dem Kind werden mit den Händen die Wellen dargestellt, die ausgestreckten Arme drehen sich wie das Mühlrad.)

Ganz langsam drehte sich das Rad,
fest hielt's der kleine Has.
Und als er endlich oben war,
sprang er vergnügt ins Gras.
(Das Mühlrad dreht sich langsamer. Dann verwandelt sich die Hand wieder in das Häschen, das im hohen Bogen aufs Kinderbett oder auf den Tisch springt.)

Dann läuft der kleine Hase schnell nach Haus,
vorbei ist die Gefahr.
Die Mutter klopft das Fell ihm aus,
bis dass es trocken war.
(Die Häschen-Hand hoppelt über Tisch oder die Bettkante. Das Kind kann ihm das Fell ausklopfen. Das macht jedes Mal wieder viel Spaß.)

Dieses alte Kinderlied entfaltet auch ohne Melodie beim ausdrucksvollen Sprechen seinen Reiz und trägt durch die Vielzahl neuer Begriffe zur Sprachförderung bei. Das Häschen kann auch als Fingerpuppe agieren. Dazu werden die langen Hasenohren aus braunem Tonpapier geschnitten und auf einen Filzring geklebt.

Schachteltheater

Eine leere Streichholzschachtel lässt sich schnell in die kleinste Bühne der Welt verwandeln. Eine Schmalseite des Innenteils wird entfernt, zwei Finger mit Gesichtern bemalt und in die Schachtel gesteckt. Nun kann der Vorhang fallen: Die Schachtel wird aufgezogen und die beiden Finger-Schauspieler agieren in ihrer Schachtelbühne fantasievoll aus dem Stegreif.

Spiel- und Mitmachli

Förderung durch Rhythmik und Melodie

Kinder lernen am leichtesten durch Nachahmung. Wenn wir Erwachsenen Freude haben zu singen, uns rhythmisch zu bewegen, können wir auch unsere Kinder dazu verlocken. Sagen Sie nicht, Sie seien dazu völlig unbegabt! Fangen Sie einfach an mit Singen, Summen, Trällern und rhythmischem Klatschen: Bei der Hausarbeit, bei der Beschäftigung mit Ihrem Kind und vor allem abends am Kinderbett! Denn: Spracherwerb hat viel mit Musik zu tun. – Durch Singen, Tanzen und rhythmische Bewegungen werden das Hörempfinden und die Sprachfähigkeit der Kinder gefördert.

Aus meiner Schulerfahrung weiß ich, dass ein Lied am Morgen auch Aggressionen bei Kindern abbauen kann; es fördert die Konzentration, macht die Kinder lernbereit und fördert die Merk- und Sprachfähigkeit der Kinder, besonders, wenn es sich um ein Lied mit mehreren Strophen handelt.

Klangspiele

Die Entwicklung des Gehörs, das Unterscheiden von Geräuschen ist für die Sprachentwicklung sehr wichtig. Füllen Sie kleine Filmdosen oder andere Behälter mit verschiedenen Materialien (Reis, Erbsen, kleine Steinchen, Sand etc.) und lassen Sie das Kind selber schütteln. Kleine Verse unterstützen dabei das Horchen und Lauschen auf die verschiedenen Geräusche, die auch mit Fingern bzw. Fingernägeln erzeugt werden können.

Wenn es klingt, klappert und raschelt

Kritze, kratze, was kann das sein?
Trippelt ein kleines Mäuschen herein?
Rischel, raschel, trippel – trapp,
Finger auf und Finger ab.
Schüttel, schüttel,
rüttel, rüttel,
ritter, ratter, raus,
so viel Spaß in unserm Haus.
Kling, klung, klang,
durch den Flur entlang.
Wer kann das wohl sein?
Kommt ein guter Freund herein?

Wahrnehmung schon im Mutterleib

Schon das ungeborene Kind im Mutterleib vermag Geräusche und Töne zu unterscheiden. Das Gehör beginnt sich mit etwa vier Monaten zu entwickeln. Das ist der Beginn der sprachlichen und musikalischen Erfahrungen. Töne, Rhythmen, Lieder werden schon in dieser Phase wahrgenommen. Hören Sie also während der Schwangerschaft oft beruhigende Musik, Ihr Kind hört mit. Sie sollten dabei möglichst traditionellen Instrumenten und nicht elektronischen Klängen lauschen. Und wenn Sie mögen: Singen Sie oft schöne alte Kinderlieder. Im Mutterleib kann das Kind schon Ihre Stimme und Sprachmelodie erkennen. Kleinkinder, die

eder

auf diese Weise vorgeburtlich gefördert werden, entwickeln früh die Fähigkeit, rhythmische Klänge, Sprachmelodien, Lieder nachzugestalten. So kann auch die Sprachentwicklung schon im Mutterleib gefördert werden.

Hohe Töne – tiefe Töne

Wissenschaftliche Studien haben ergeben, dass schon in der Schwangerschaft die Höreindrücke eines Kindes beeinflusst werden. Das Ohr ist das erste ausgereifte Sinnesorgan des Menschen. Das Gehirn des Kindes empfängt schon im Mutterleib fast 90 % seiner Leistungsfähigkeit über das Ohr. Es ist erwiesen, dass hohe Frequenzen, also hohe Töne, sich anregend für das Gehirn auswirken; tiefe Frequenzen, also tiefe Töne wirken lähmend auf das Gehirn.

Großer Schweinespaß

Melodie: Ein Vogel wollte Hochzeit machen

Am Sonntag gehn die Schweinchen aus,
dann wird's zu eng im Schweinehaus.
Erst der Papa Schwein,
dann die Mama Schwein
und die Kinder hinterdrein.

Erst geht der Weg noch geradeaus,
dann geht's zum Matschegraben raus.
Erst der Papa Schwein,
dann die Mama Schwein
und die Kinder hinterdrein.

Ein jeder wälzt sich gleich hinein,
das ist das Schönste für ein Schwein.
Erst der Papa Schwein,
dann die Mama Schwein
und die Kinder hinterdrein.

Im Matschegraben, das ist klar,
da plantscht es sich ganz wunderbar.
Erst der Papa Schwein,
dann die Mama Schwein
und die Kinder hinterdrein.

Der Mond, der brummt: „Es ist schon spät!"
Ein jeder brav nach Hause geht.
Erst der Papa Schwein,
dann die Mama Schwein
und die Kinder hinterdrein.

Wer schnarcht so laut, wer kann das sein?
Wer ist das beste Schnarcheschwein?
Erst der Papa Schwein,
dann die Mama Schwein
und die Kinder hinterdrein.

Freude an der rhythmischen Bewegung

Sind Sie heute gar nicht aufgelegt zum Singen? Sind Sie erkältet oder haben Kopfschmerzen? Dann vermitteln Sie dem Kind die Liedverse durch rhythmisches Sprechen. Wenn das Kind dabei mitspricht und textgemäß die Bewegungsabläufe mitmacht, so wirkt sich dies auf die Sprechfähigkeit des Kleinkindes aus. Versuchen Sie, Hören, Sprechen, Singen und Bewegungen miteinander zu verbinden. Wenn das Kind aktiv den rhythmischen Anlauf der Liedtexte begleitet, kann sich die Freude an der Schönheit der Sprache, am Gleichmaß der Bewegungen und schöpferische Fantasie entwickeln. Bewegungen wie Klatschen, Hüpfen, Schleichen, Schwingen lassen sich in viele Kinderlieder, die auch rhythmisch gesprochen werden können, einbeziehen. Was besonders wichtig ist: Das gemeinsame Erleben, das Miteinander von Mutter und Kind und später mit anderen Kindern zusammen weckt Spielfreude, gibt dem Kinde Sicherheit und das Gefühl von Geborgenheit innerhalb der Gemeinschaft.

Wollt ihr wissen

Für dieses alte Spiellied können wir mit dem Kind neue Strophen ausdenken und die Texte pantomimisch darstellen.

Wollt ihr wissen, wollt ihr wissen,
wie's die kleinen Buben machen?
Murmel werfen, Murmel werfen.
Alles dreht sich herum.

Wollt ihr wissen, wollt ihr wissen,
was die kleinen Zwerge machen?
Steinchen suchen, Steinchen suchen,
alles dreht sich herum.

Wollt ihr wissen, wollt ihr wissen,
was die großen Riesen machen?
Baum ausreißen, Baum ausreißen,
alles dreht sich herum.

Wollt ihr wissen, wollt ihr wissen,
was die kleinen Hunde machen?
Stöckchen holen, Stöckchen holen,
alles dreht sich herum.

Wollt ihr wissen, wollt ihr wissen,
was die kleinen Kätzchen machen?
Fellchen putzen, Fellchen putzen,
alles dreht sich herum.

Wollt ihr wissen, wollt ihr wissen,
was die kleinen Vögel machen?
Ganz weit fliegen, ganz weit fliegen,
alles dreht sich herum.

Wollt ihr wissen, wollt ihr wissen,
was die kleinen Schnecken machen?
Langsam kriechen, langsam kriechen,
alles dreht sich herum.

Aufstehlied

Melodie: Jetzt steigt der Hampelmann

Der Tagesbeginn des Kindes kann statt mit dem Hampelmann auch mit verschiedenen Tieren durchgespielt werden. Statt „Mäusekind" kann auch „Bärenkind", „Kaninchenkind", „Schneckenkind" (aus seinem Haus heraus), „Katzenkind" (aus seinem Korb heraus) etc. eingesetzt werden. Das Lied ist auf die alte Kindermelodie zu singen.

Jetzt kriecht das Mäusekind,
jetzt kriecht das Mäusekind
aus seinem Bett heraus.
O, du mein Mäusekind,
mein Mäusekind bist du.
O, du mein Mäusekind,
mein Mäusekind bist du.

Jetzt wäscht das Mäusekind,
jetzt wäscht das Mäusekind
sich seine Ohren fein.
O, du mein Mäusekind …

Jetzt zieht das Mäusekind,
jetzt zieht das Mäusekind
sich Strümpf und Hose an.
O, du mein Mäusekind …

Jetzt zieht das Mäusekind,
jetzt zieht das Mäusekind
sich Hemd und Jacke an.
O, du mein Mäusekind …

Jetzt trinkt das Mäusekind,
jetzt trinkt das Mäusekind
den Mäusebecher aus.
O, du mein Mäusekind …

Jetzt setzt das Mäusekind,
jetzt setzt das Mäusekind
sich seine Mütze auf.
O, du mein Mäusekind ...

Jetzt zieht das Mäusekind,
jetzt zieht das Mäusekind
sich seine Jacke an.
O, du mein Mäusekind …

Abendlied von den Vogelkindern

Melodie: Alle meine Entchen

Alle unsre Vögel
schlafen tief und fest,
träumen ihren Vogeltraum
in ihrem Kuschelnest.

Und auch unsre/unser …
(Name einsetzen)
und der liebe Bär
kuscheln sich ins Bett hinein,
die Arme sind ganz schwer.

Und nun kommt der Sandmann,
streut mit zarter Hand
den Sternenstaub, den Wolkenflaum,
den kuschelweichen Sand.

Und nun schläft die/der …
tief und fest
wie unsre Vogelkinder
in ihrem Kuschelnest.

Selbst gebaute Instrumente

Singen und Tanzen macht Kindern noch mehr Spaß, wenn kleine Instrumente zum Einsatz kommen. Es braucht nur wenig Übung und schult das Gehör, wenn Ihr Kind auf einem kleinen Glockenspiel die Töne anschlagen und Melodien spielen oder selbst erfinden kann. Einfache Rhythmusinstrumente wie Becherrasseln, eine Trommel oder ein Schellentamburin lassen sich mit wenig Aufwand und Dingen, die in jedem Haushalt zu finden sind, schnell selbst basteln. Zur Spielfreude kommt hier noch die Förderung der Kreativität und der Feinmotorik.

Specht, wo bist du?

Zunächst probieren Sie mit dem Kind aus, welche Tierlaute mit der Stimme oder mit Instrumenten nachgeahmt weden können, z. B.:
Miauen oder Fauchen – Katze
Rassel oder Trommel – Specht
Bellen – Hund
Summen – Mücke oder Biene
Triangel, Flöte – Vogel
Pauke – Elefant
Piepsen – Maus
Dann flüstert das Kind Ihnen den Namen eines Tieres ins Ohr, das Sie akustisch nachahmen müssen. Nach einer Weile werden die Rollen gewechselt.
Großen Spaß macht auch ein Versteckspiel. Das Kind versteckt sich in der Wohnung oder draußen und ahmt ein Tier nach. Nun müssen Sie auf die Suche gehen, die Sie – zur Freude des Kindes – ruhig eine Weile ausdehnen sollten.

Zirkus Zamparo

Melodie: Horch, was kommt von draußen rein

Tätero und tätera, hollahi und hollaho,
Zirkus Zamparo ist da! Hollahiaho.
Der Trompeter zieht voran, hollahi, hollaho,
Zirkuswagen hintendran. Hollahiaho.

Seht, der dicke Elefant, hollahi, hollaho,
stampft ganz schwer durch Gras und Sand. Hollahiaho.
Oh – der ist ja riesengroß, hollahi, hollaho,
nun trompetet er schon los! Hollahiaho.

Wer da oben balanciert, hollahi, hollaho,
und sein Kunststück ausprobiert? Hollahiaho.
Das ist Claus, der bunte Clown, hollahi, hollaho,
ist so lustig anzuschaun. Hollahiaho.

Auf dem Seil übt der Artist, hollahi, hollaho,
wie gefährlich das wohl ist? Hollahiaho.
Fips, das Äffchen, Unsinn macht, hollahi, hollaho,
überall wird laut gelacht. Hollahiaho.

Drei Chinesen mit dem Kontrabass

Singen Sie gemeinsam mit Ihrem Kind das Lied von den drei Chinesen mit dem Kontrabass. Dabei wird im Takt mitgeklatscht. Dann wird es schwieriger, aber auch viel lustiger: Die Vokale werden vereinheitlicht, und dann klingt das Lied ganz anders.

Drei Chinesen mit dem Kontrabass saßen auf der Straße und erzählten sich was. Da kam die Polizei, was ist denn das? Drei Chinesen mit dem Kontrabass.

a: Dra Chanasan mat dam Kantrabass …
e: Dre Chenesen met dem Kentrebess …
i: Dri Chinisin mit dim Kintribiss …
o: Dro Chonoson mot dom Kontroboss …
u: Dru Chunusun mut dum Kuntrubuss …
ä: Drä Chänäsän mät däm Känträbäss …
ö: Drö Chönösön möt döm Köntröböss …
ü: Drü Chünüsün müt düm Küntrübüss …

Wenn Ihr Kind viel Übung hat, können Sie zum Schluss noch die Doppellaute einsetzen:

ei: Drei Cheineisein meit deim Keintreibeiß …
ai: Drai Chainaisain mait daim Kaintraibaiß …
eu: Dreu Cheuneuseun meut deum Keuntreubeuß …
ea: Drea Cheaneasean meat deam Keantreabeaß …

Auf der Mauer, auf der Lauer

Das bekannte Lied von der Wanze kann als Fingerspiel dargestellt und gesungen werden, genauso gut kann Ihr Kind aber die kleine Wanze darstellen und im Takt des Liedes umherzappeln.

Auf der Mauer, auf der Lauer sitzt ´ne kleine Wanze.
Auf der Mauer, auf der Lauer sitzt ´ne kleine Wanze.
Guck dir mal die Wanze an, wie die Wanze tanzen kann! Auf der Mauer, auf der Mauer sitzt ´ne kleine Wanze.

Bei der ersten Wiederholung wird das »e« bei »Wanze« und das »en« bei »tanzen« weggelassen, die restlichen Silben werden gesungen. Wenn das Lied zum dritten Mal gesungen wird, entfällt bei beiden Wörtern das »z«, bei der folgenden Wiederholung das »n«, das »a« und schließlich das »W« bzw. das »t«. Es kommt hier darauf an, die Pausen richtig zu setzen. Ist Ihr Kind etwas größer, können Sie auch mehrere Buchstaben bzw. Silben auslassen.

Impressum

Barbara Cratzius war fast dreißig Jahre als Grundschullehrerin tätig. Sie hat Kinderchöre geleitet und viele Märchen und selbst geschriebene Singspiele mit Kindern aufgeführt. Ihre Ideen und Erfahrungen sind in zahlreichen, sehr erfolgreichen Büchern für Kinder, für Eltern und für Erzieherinnen veröffentlicht.

Freiburg im Breisgau
www.christophorus-verlag.de

Printed in Belgium

ISBN 3-419-53616-X

Lektorat: Martin Stiefenhofer

Illustrationen: Klaus Puth

Coverfoto: Ulrich Niehoff

Fotos:
Heidi Velten, Seite 9, 13, 14, 18, 28, 36, 39
Miguel Perez, Seite 11, 20, 22, 54
Ulrich Niehoff, Seite 24, 32, 44
Ursula Markus, Seite 46, 48

Umschlaggestaltung und Layoutentwurf:
Uwe Stohrer, Freiburg

Layout und Gesamtproduktion:
Uwe Stohrer, Freiburg

Herstellung: Proost, Turnhout 2003

Hier zeigen wir Ihnen eine Auswahl unserer beliebten und erfolgreichen Bücher – und wir haben noch viele andere im Programm. Wir informieren Sie gerne, fordern Sie einfach unser Verlagsprogramm an:

3-419-**53438**-8

3-419-**53585**-6

3-419-**53592**-9

3-419-**53598**-8

3-419-**53607**-0

Bücher für Erzieherinnen, Eltern und Kinder

Bücher für Eltern und Familie

Bücher für Kinder

Bücher für ihre Hobbys

Wir sind für Sie da, wenn Sie Fragen haben. Und wir interessieren uns für Ihre eigenen Ideen und Anregungen. Faxen Sie, schreiben Sie oder rufen Sie uns an.
Wir hören gerne von Ihnen!

Ihr Christophorus-Verlag

CHRISTOPHORUS

Hermann-Herder-Straße 4
79104 Freiburg i. Breisgau
www.christophorus-verlag.de
Telefon: 0761 / 2717-268 oder
Fax: 0761 / 2717-352